MISTERIOS OCULTOS

Adulto Mágica Edición De Libro De Colorear

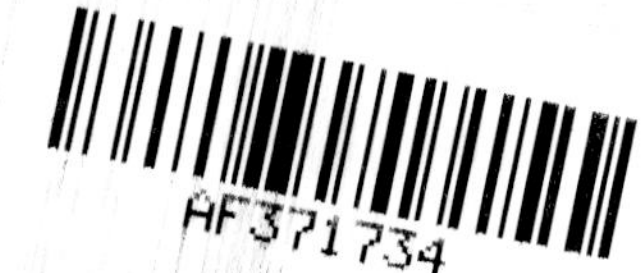

Coloring Bandit

Publicado por Speedy Publishing Canada Limited

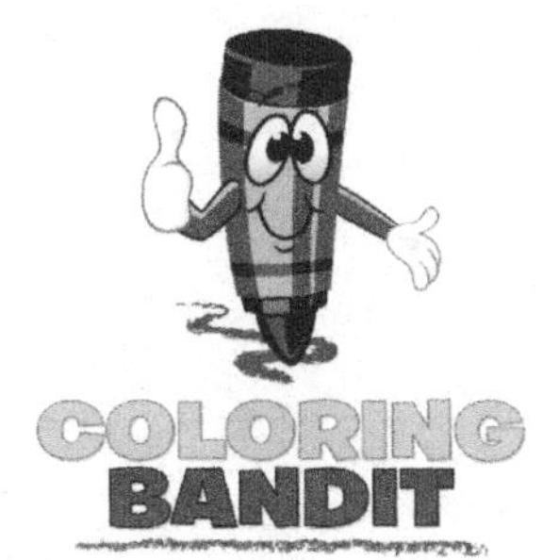

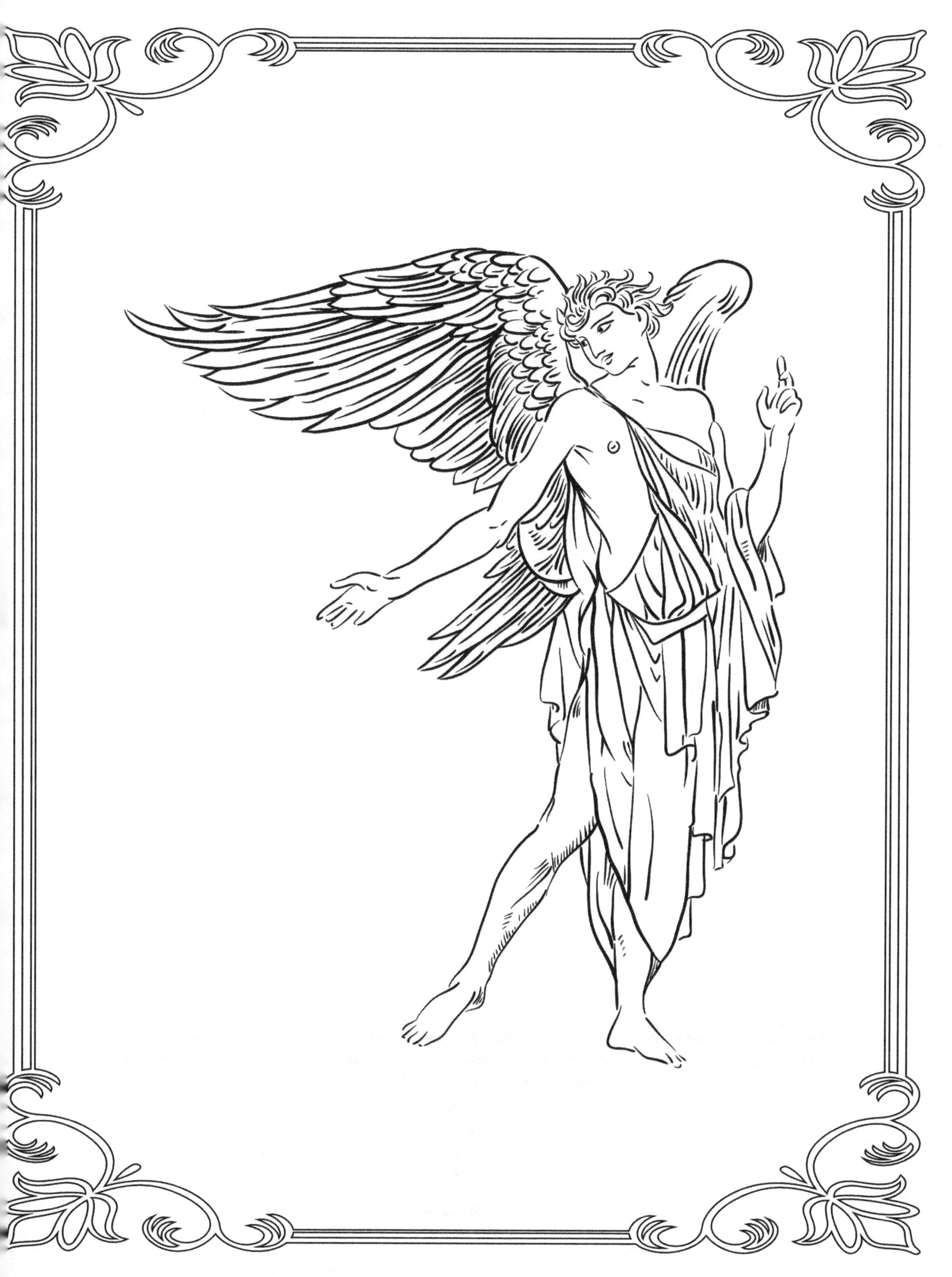

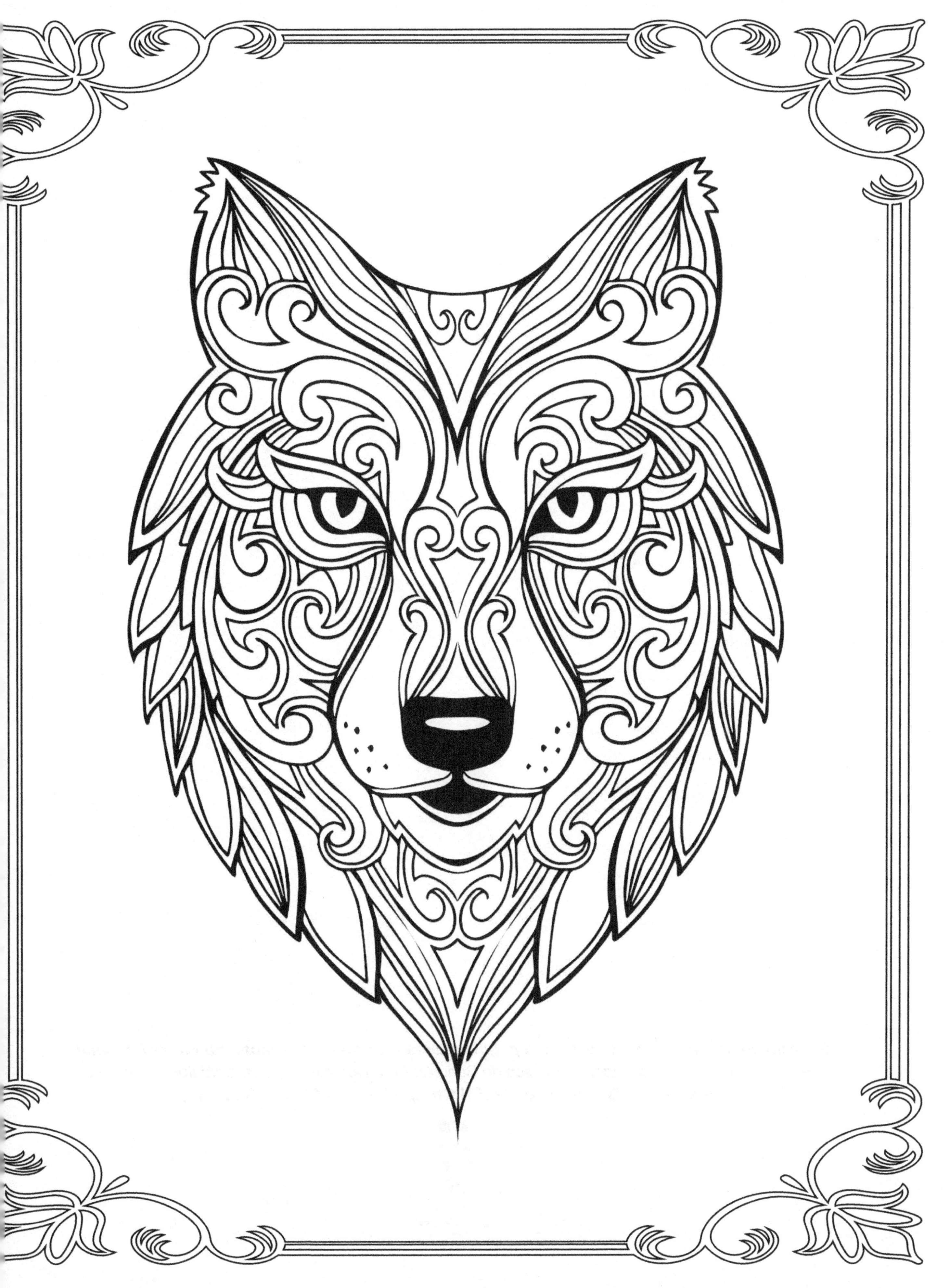

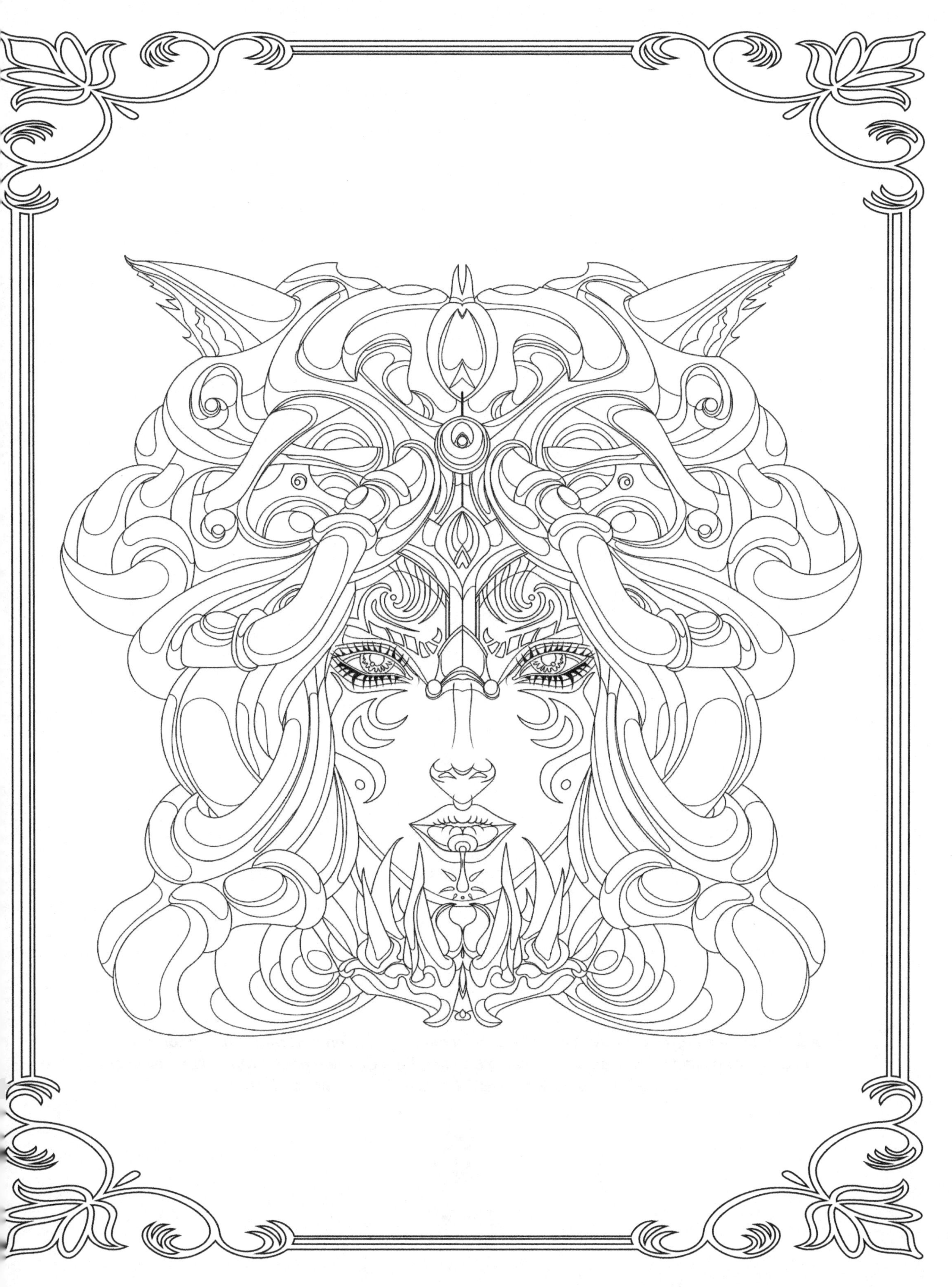

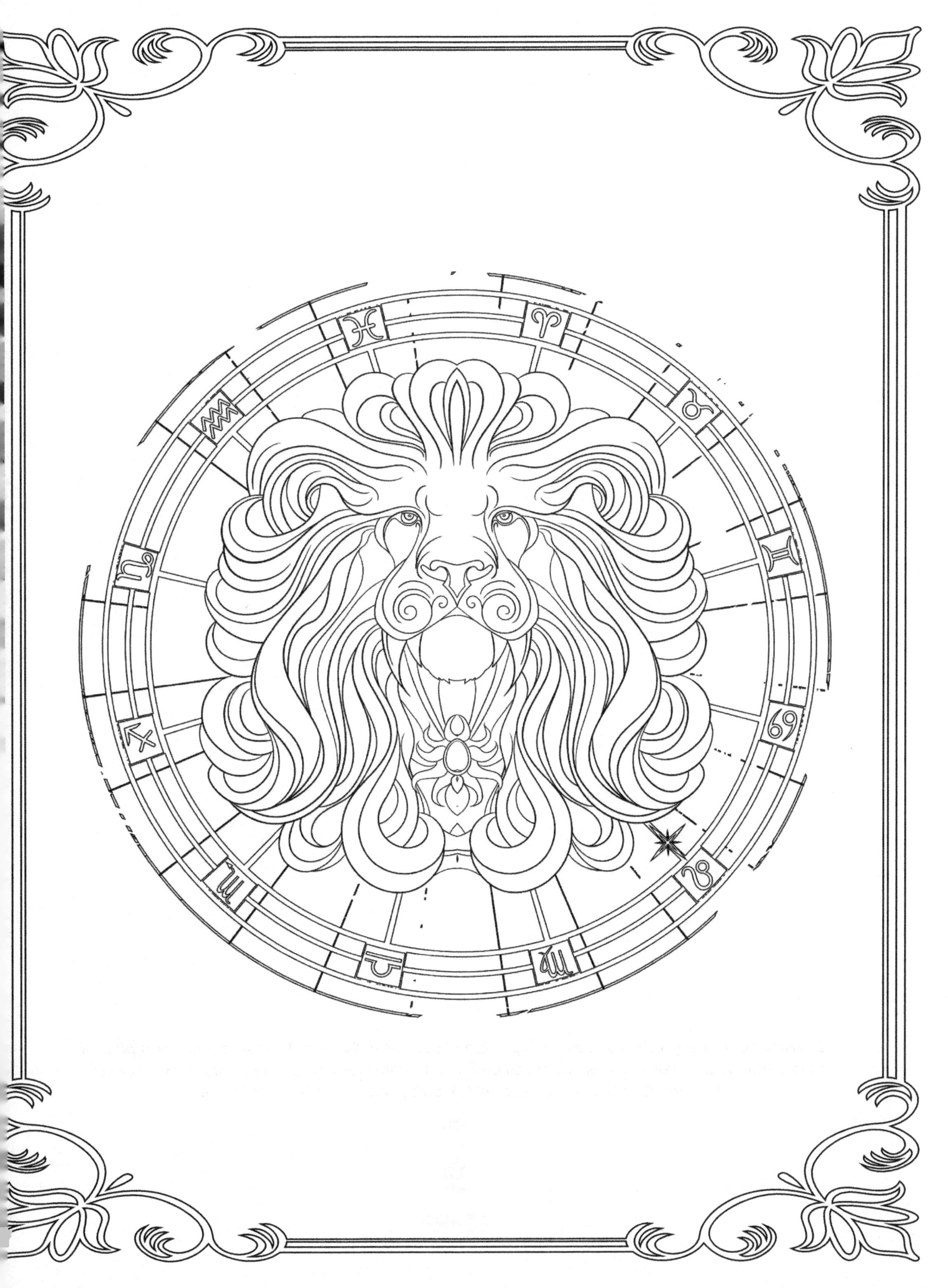

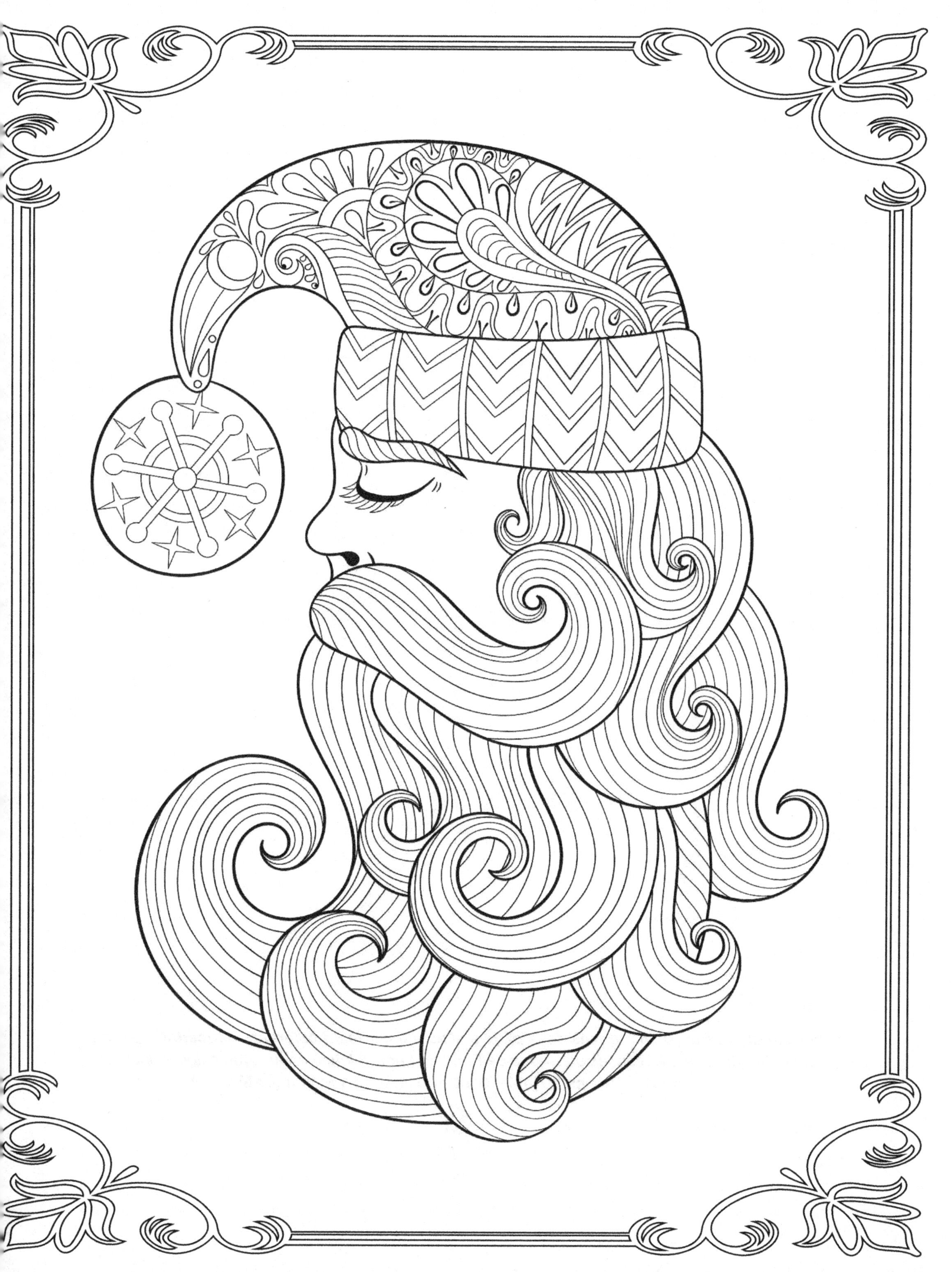

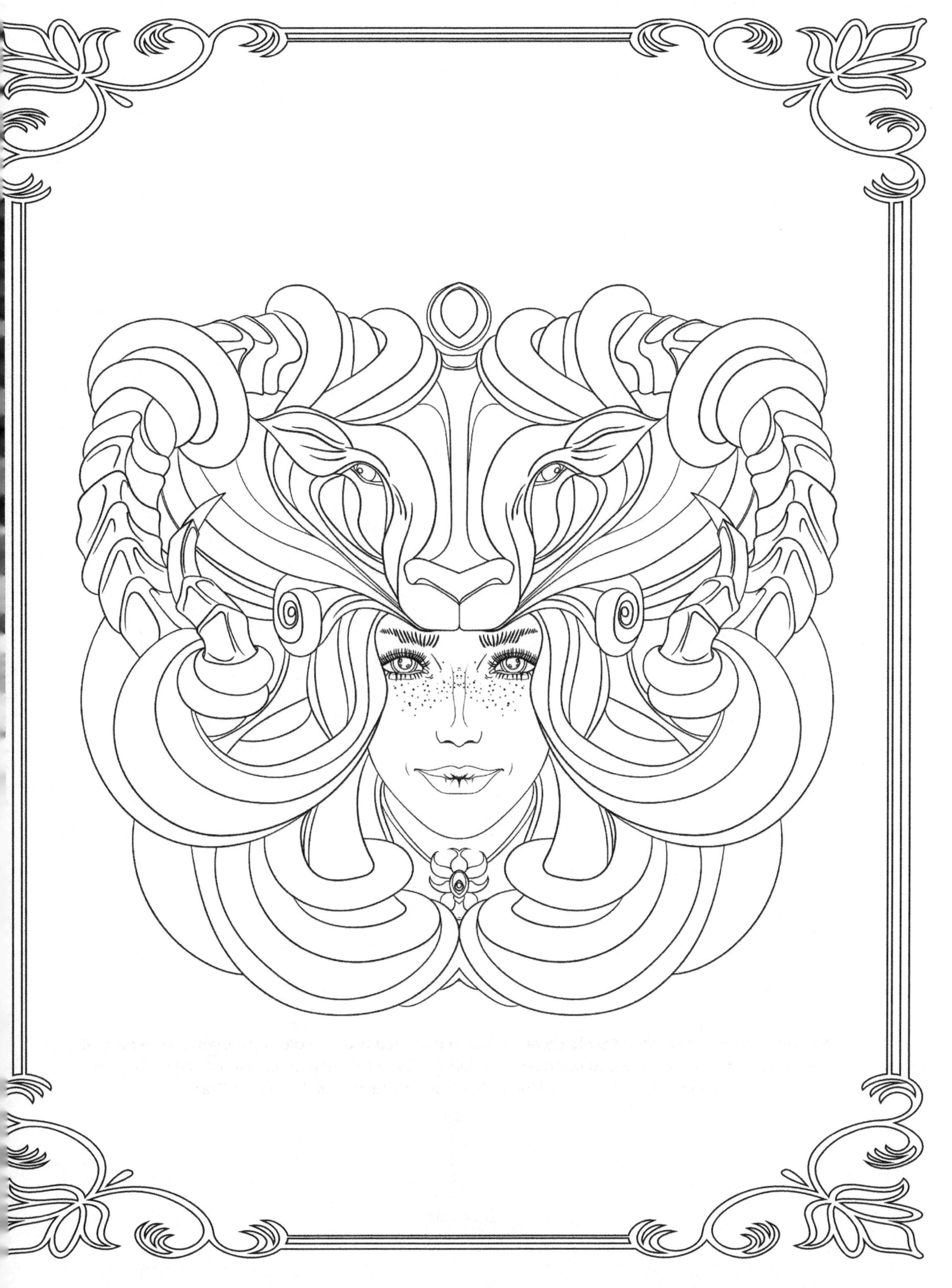

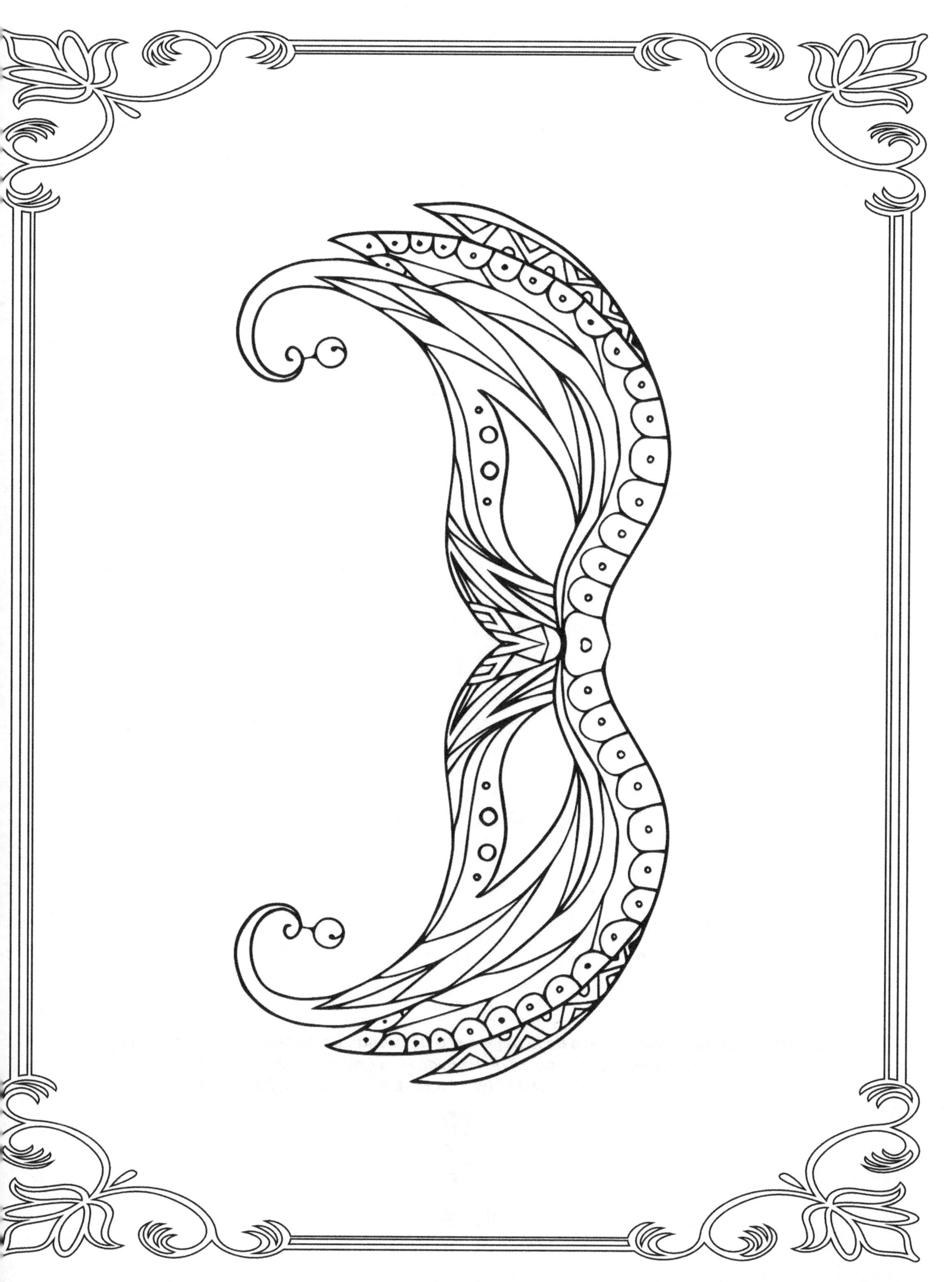

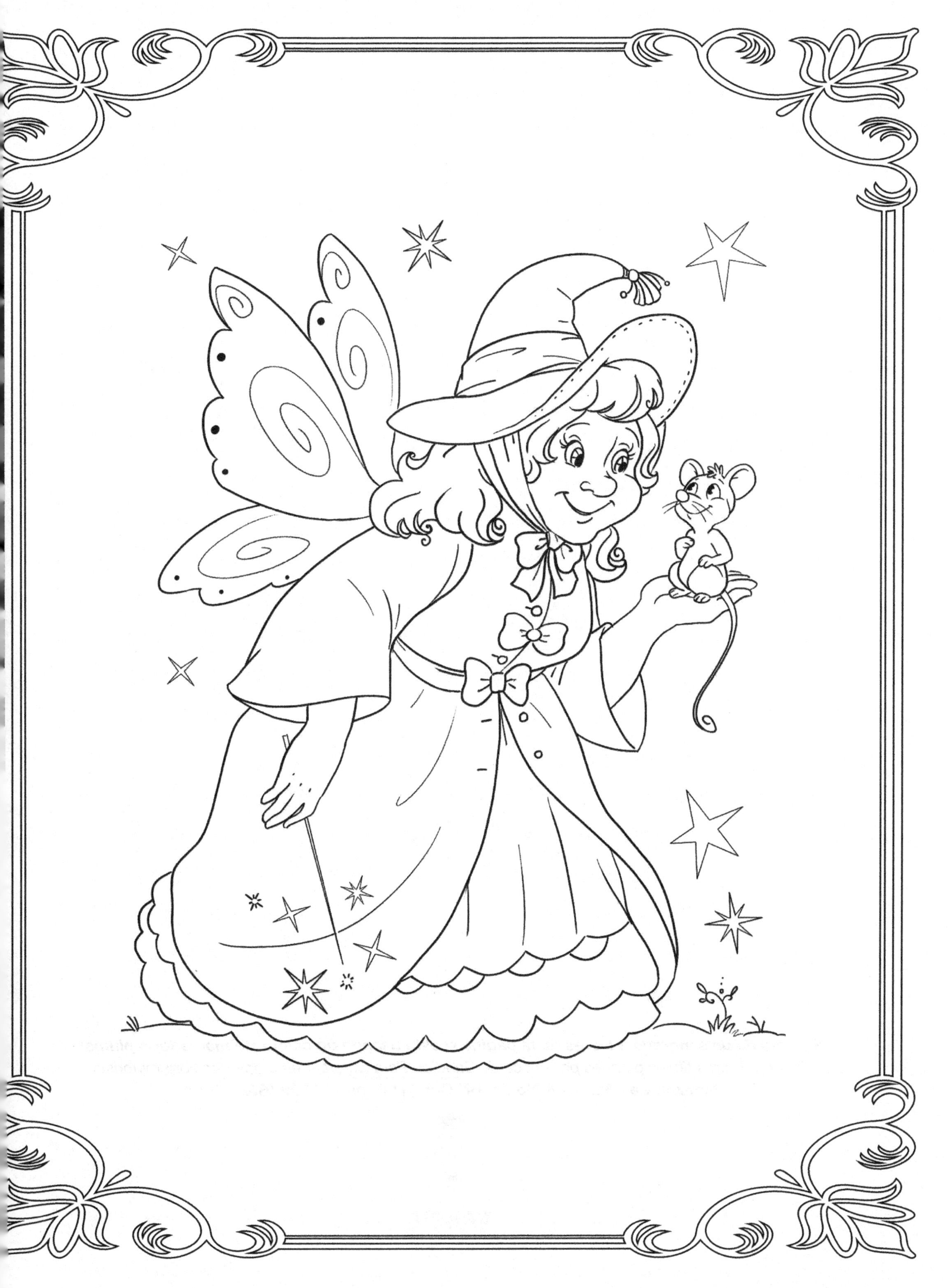

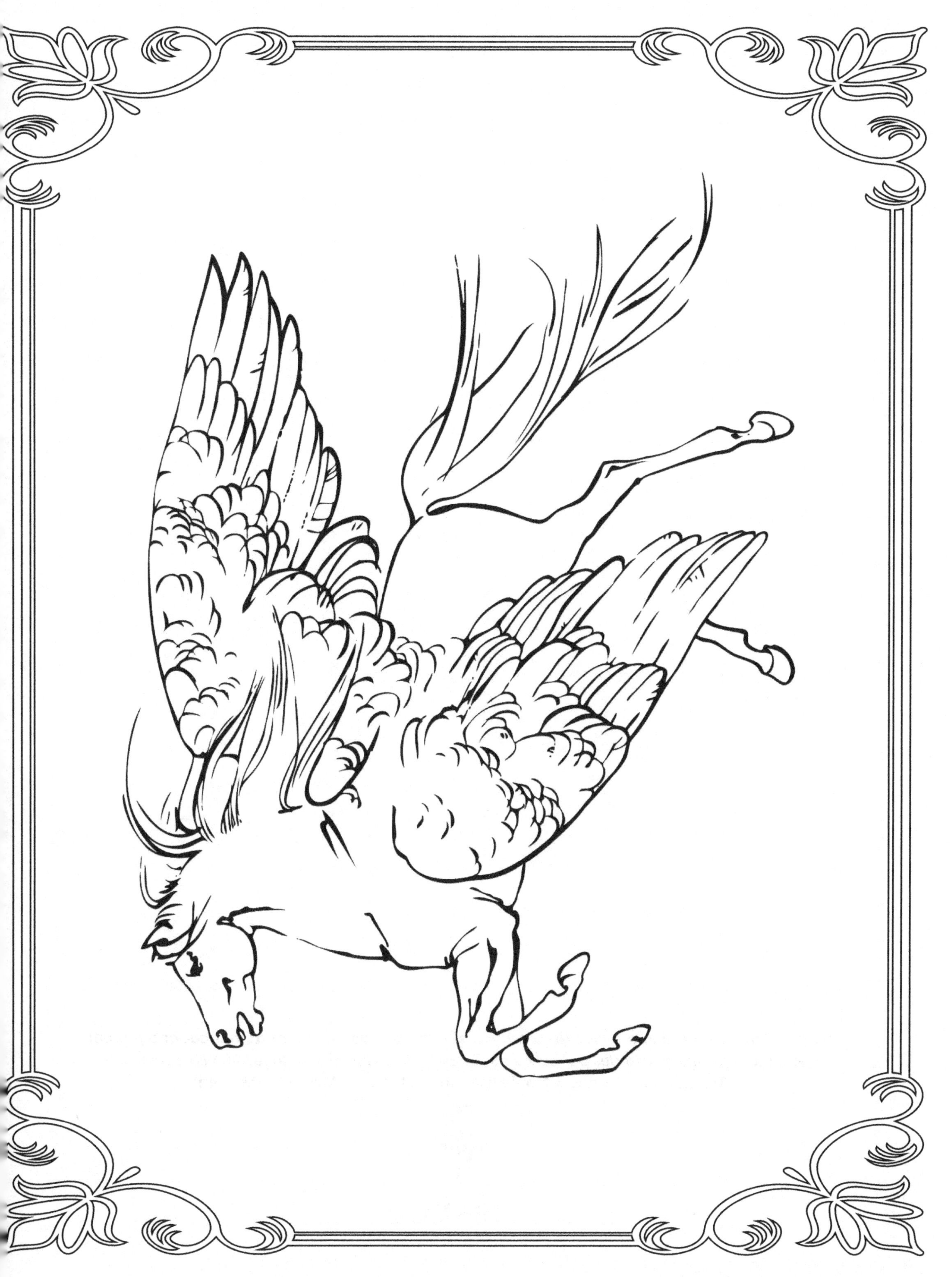

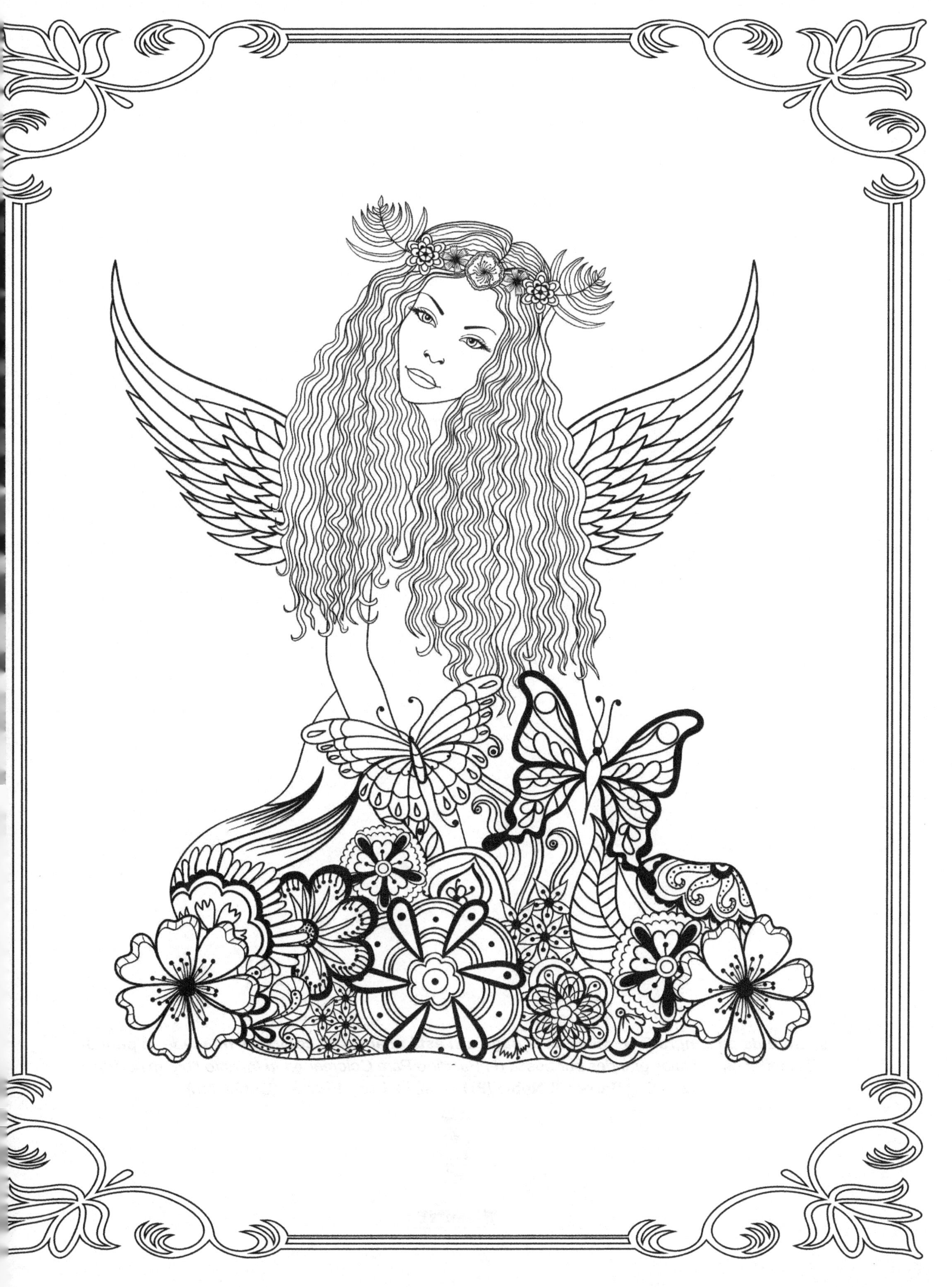

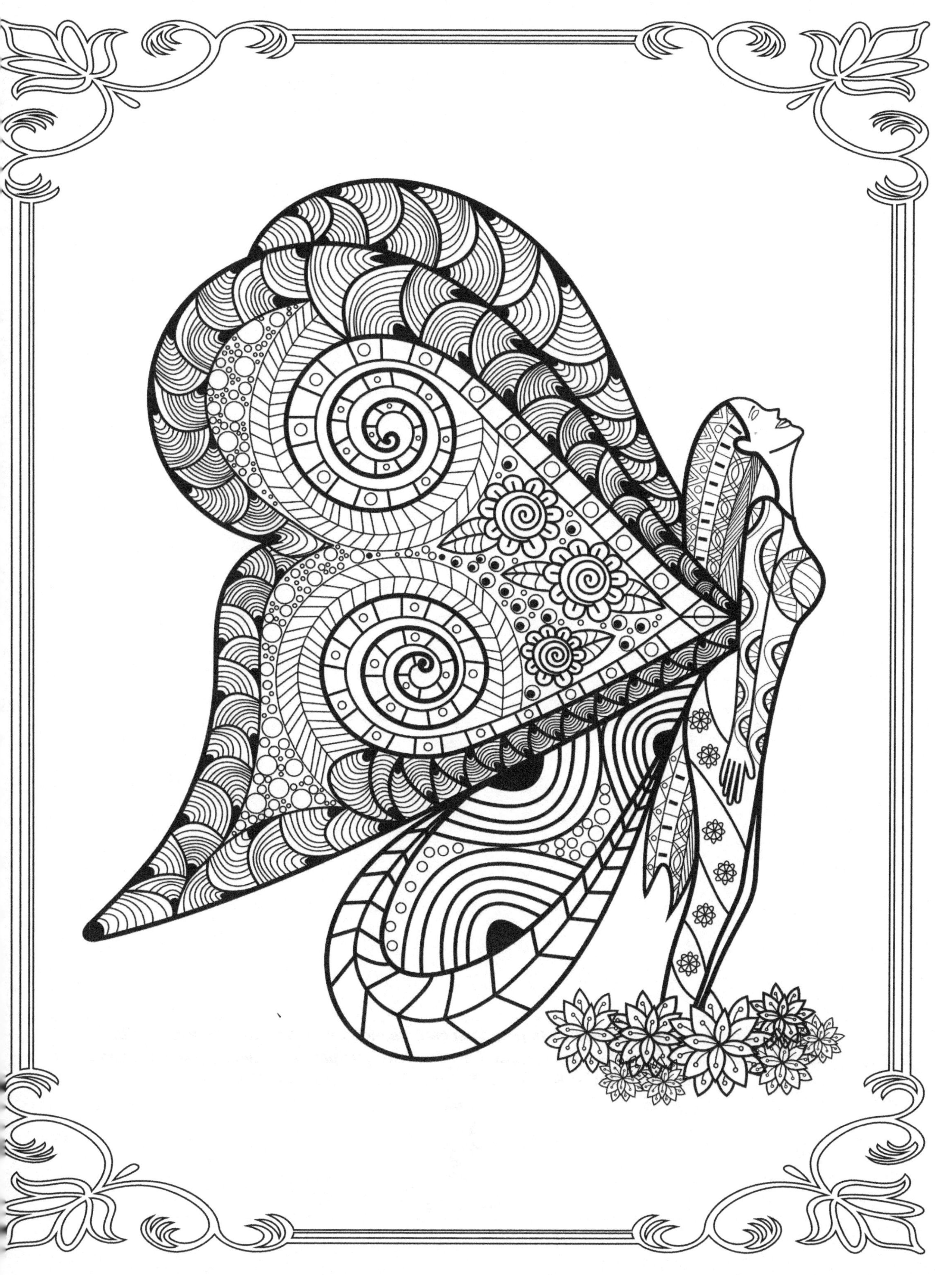

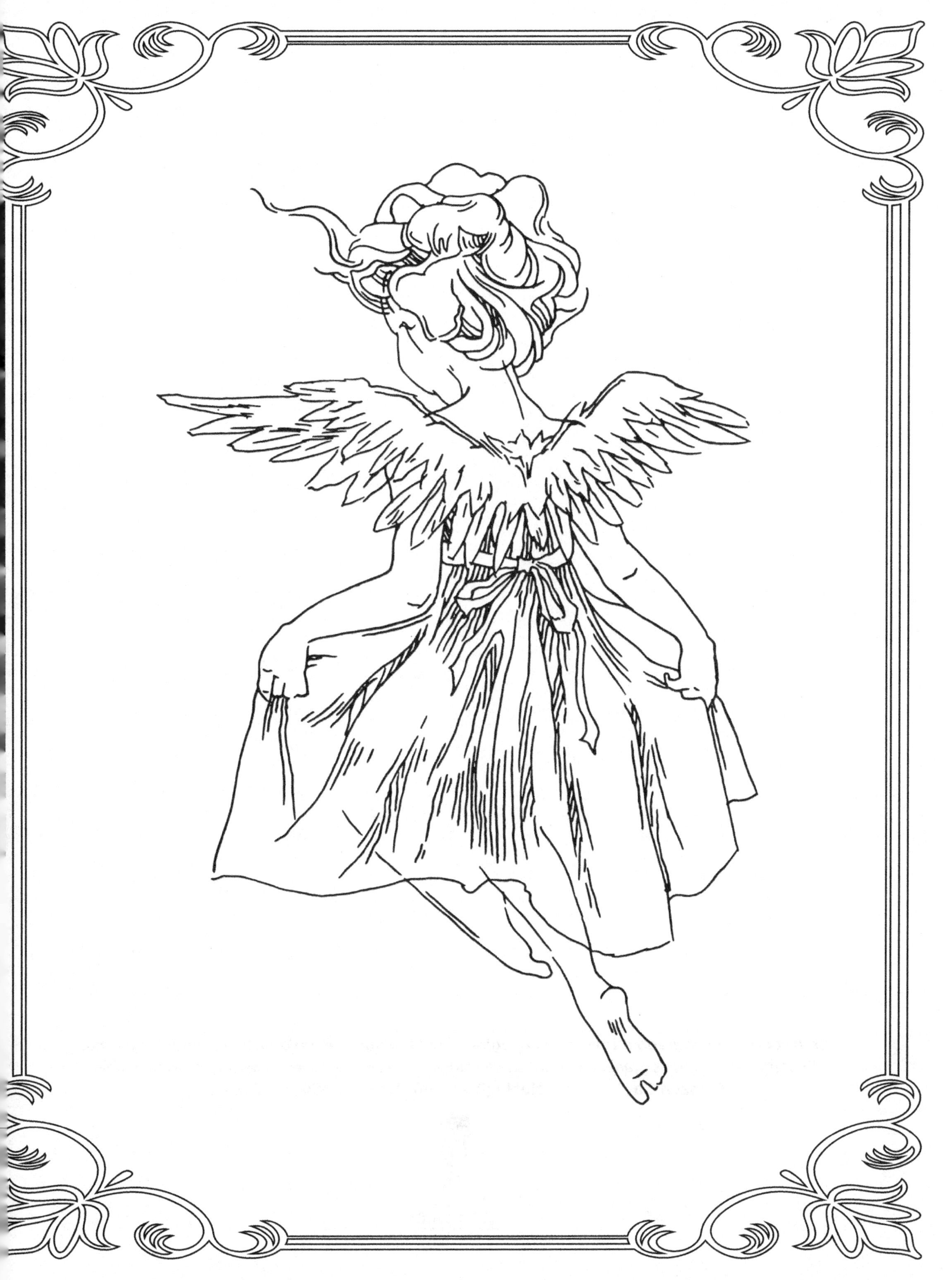

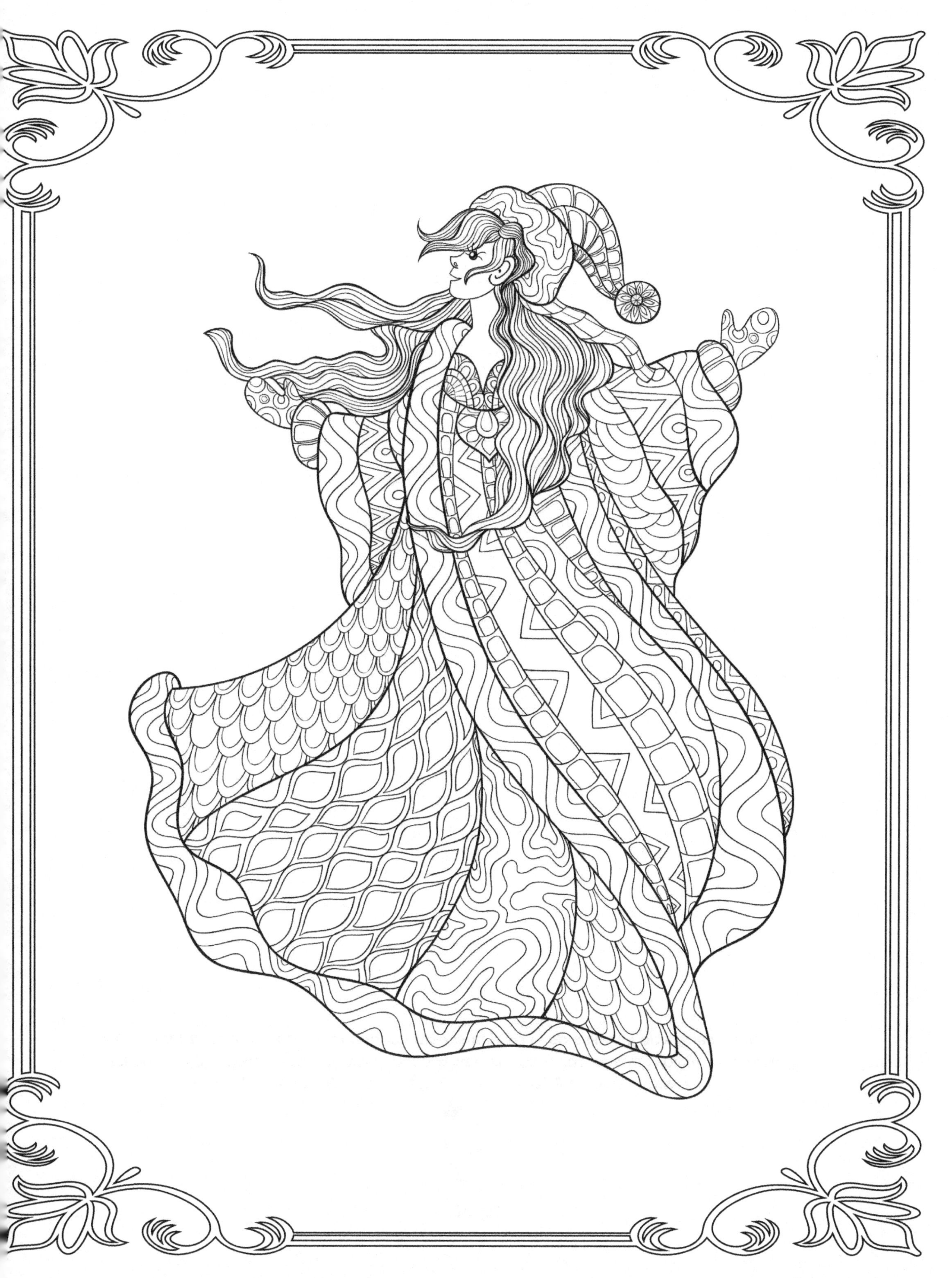

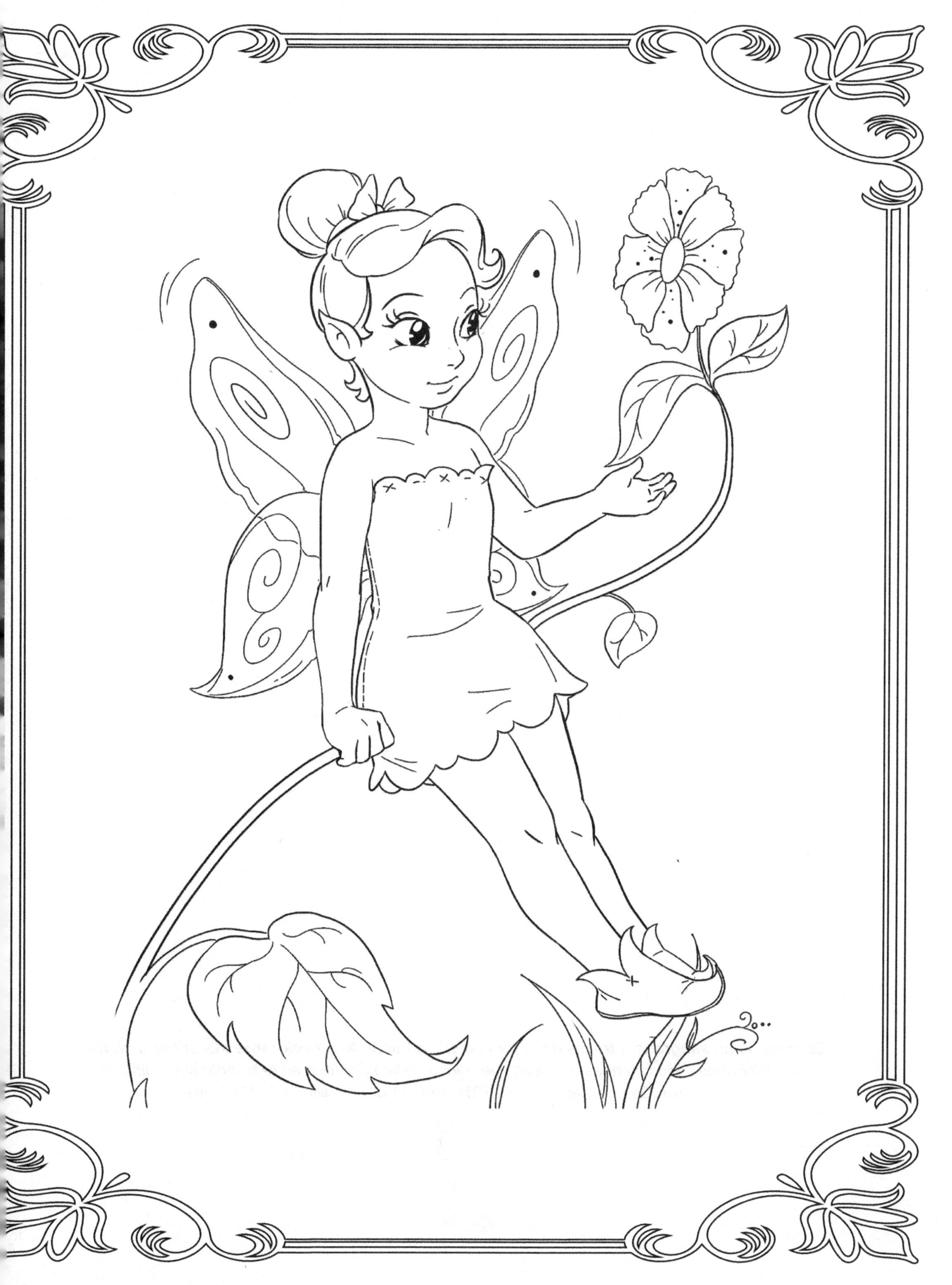

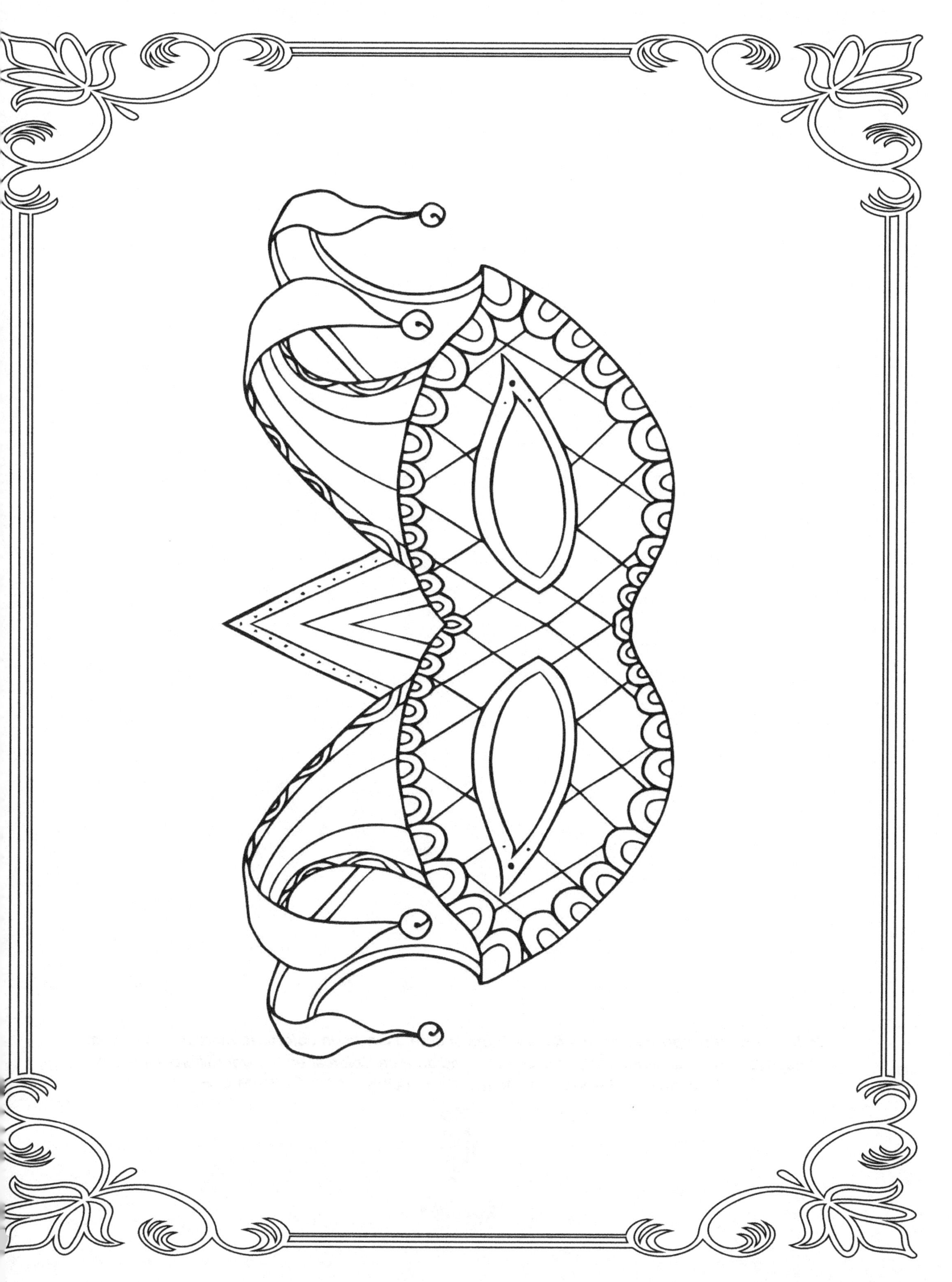

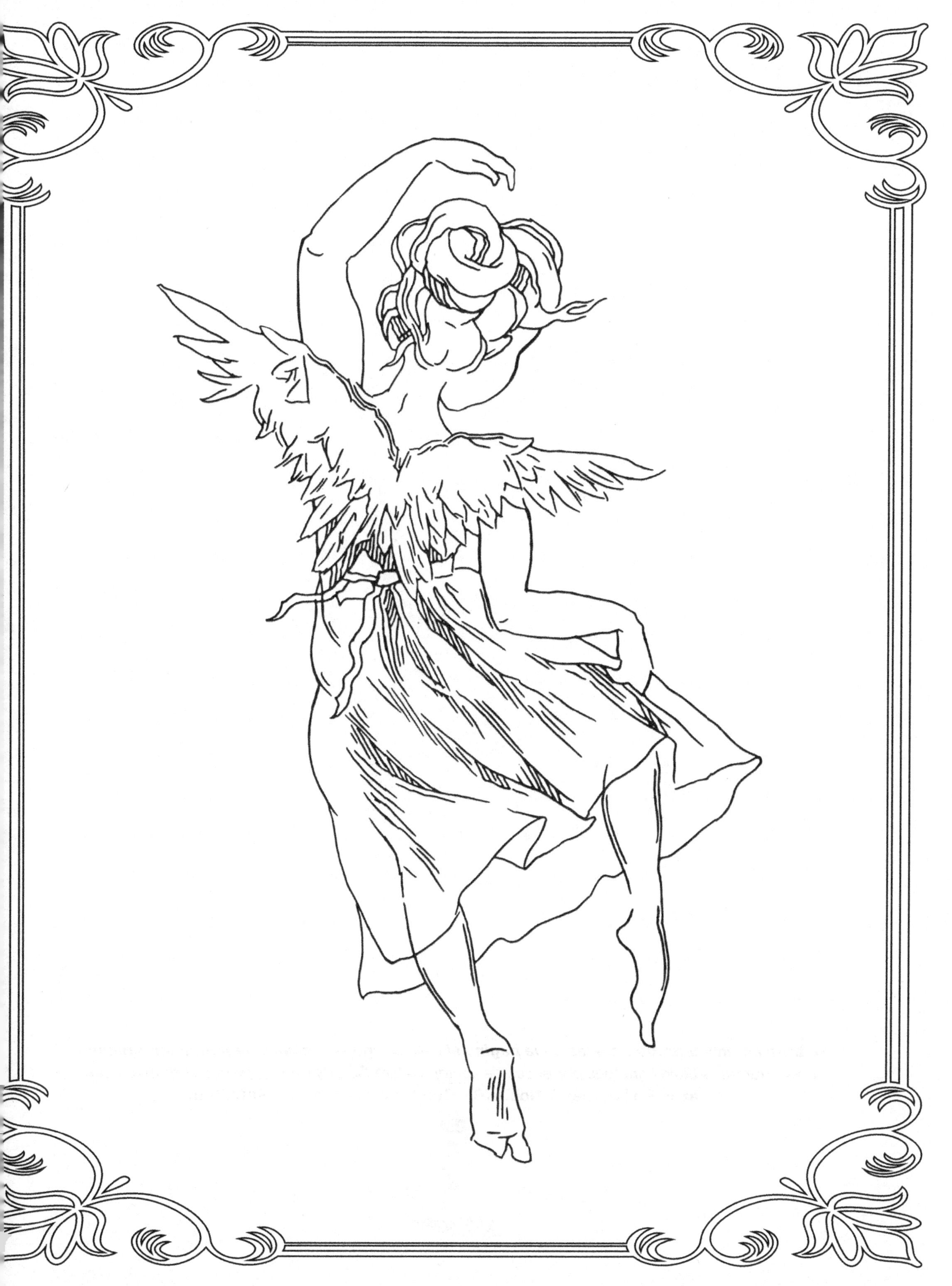

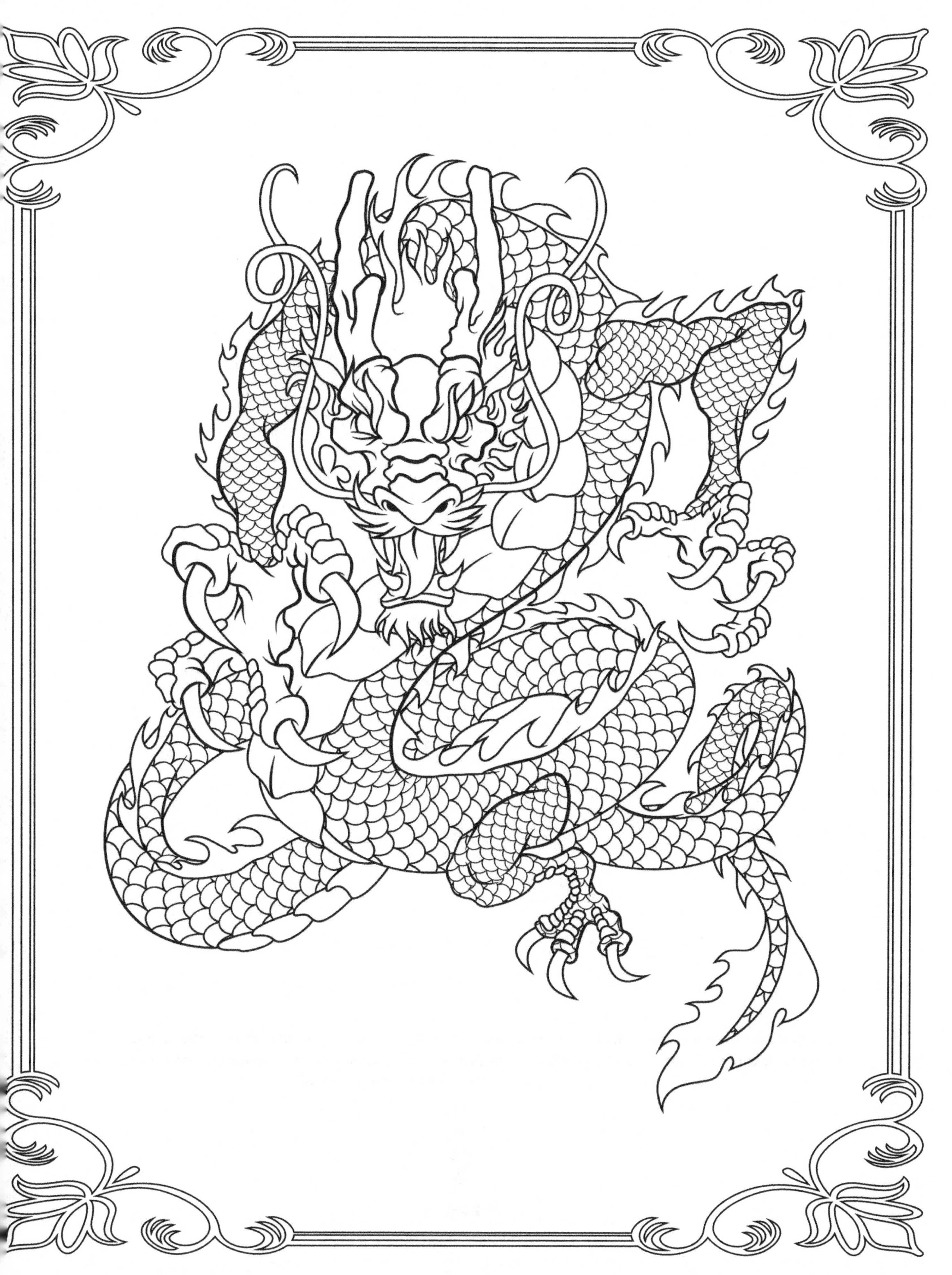

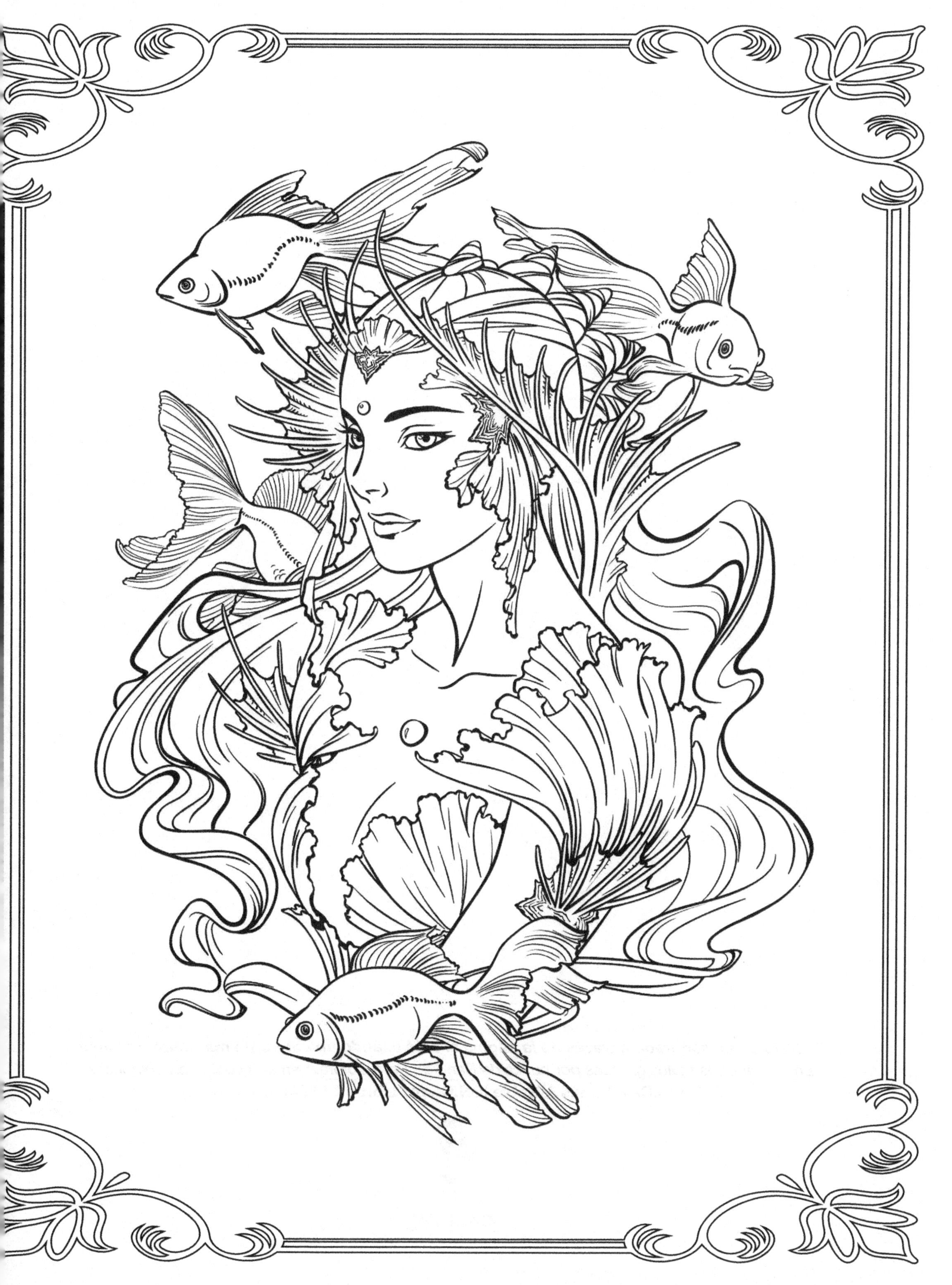

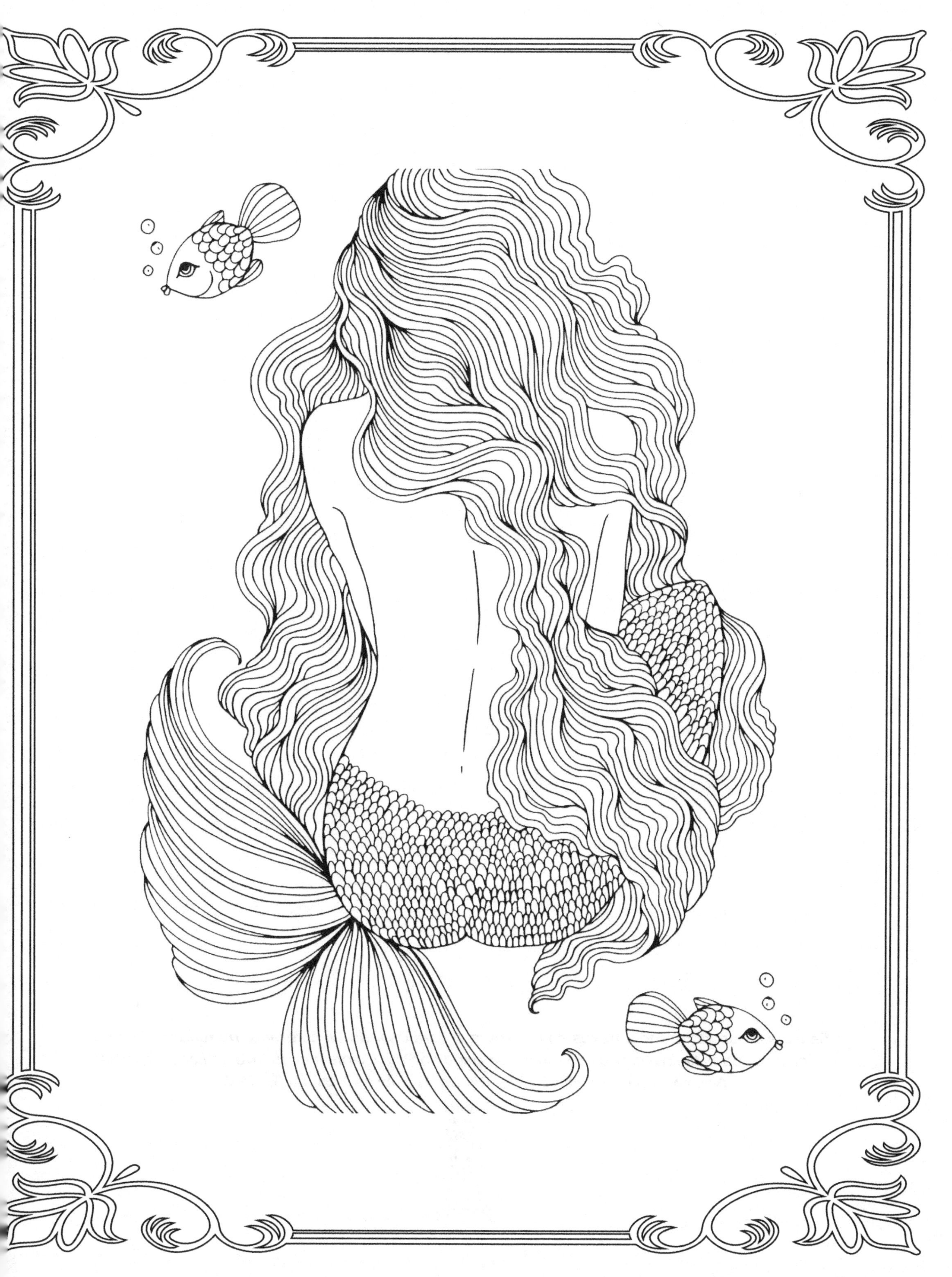

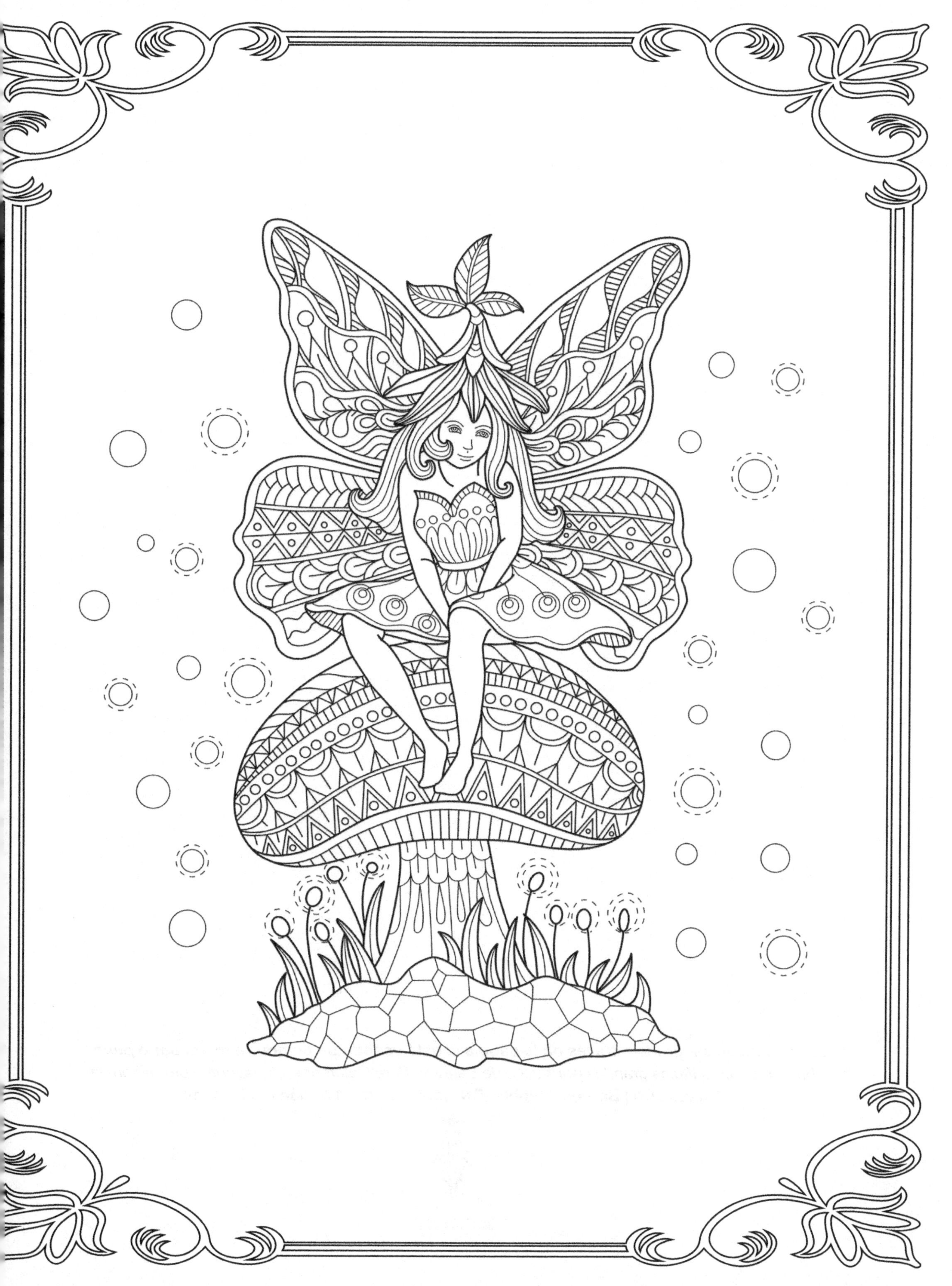

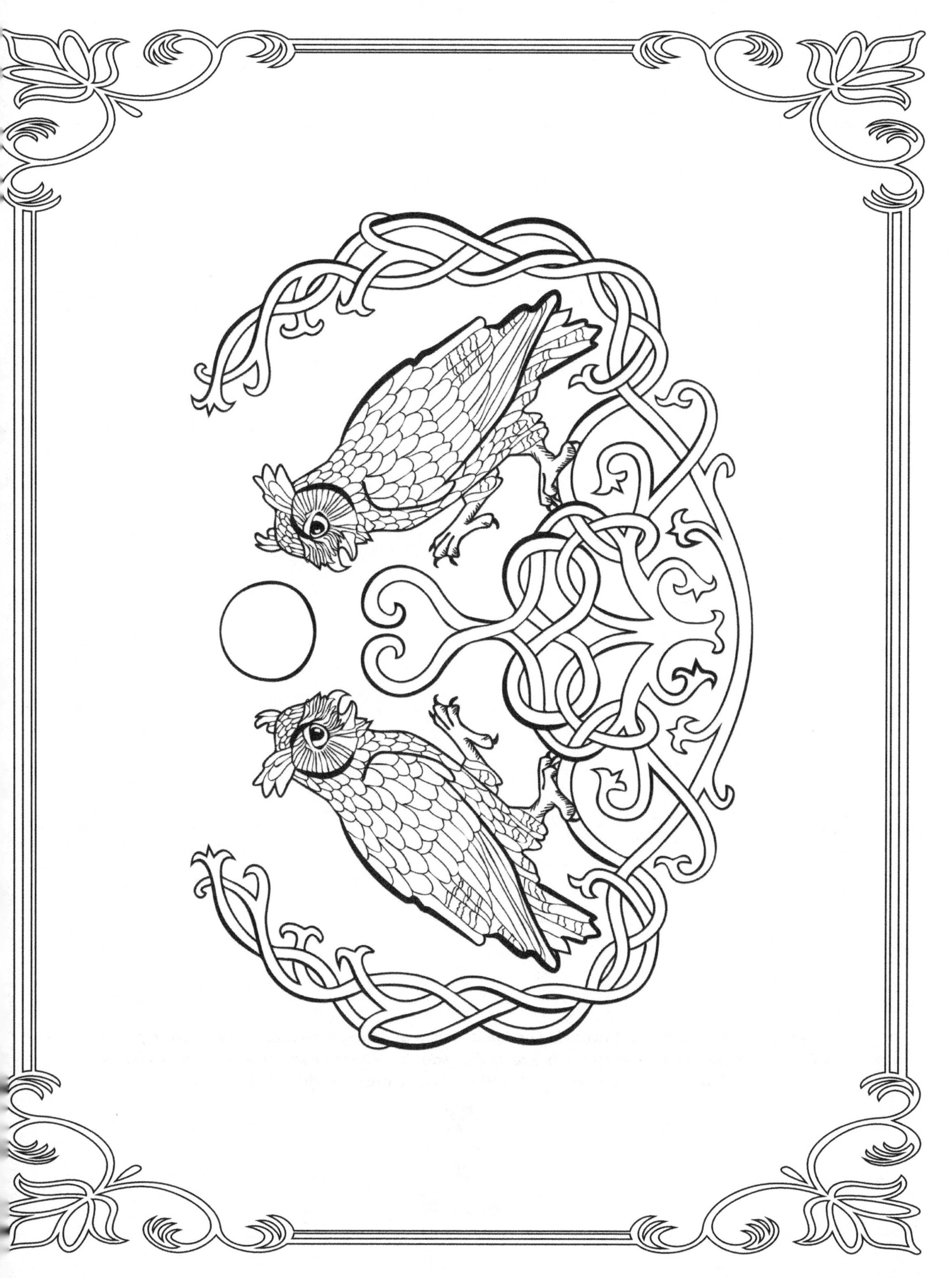

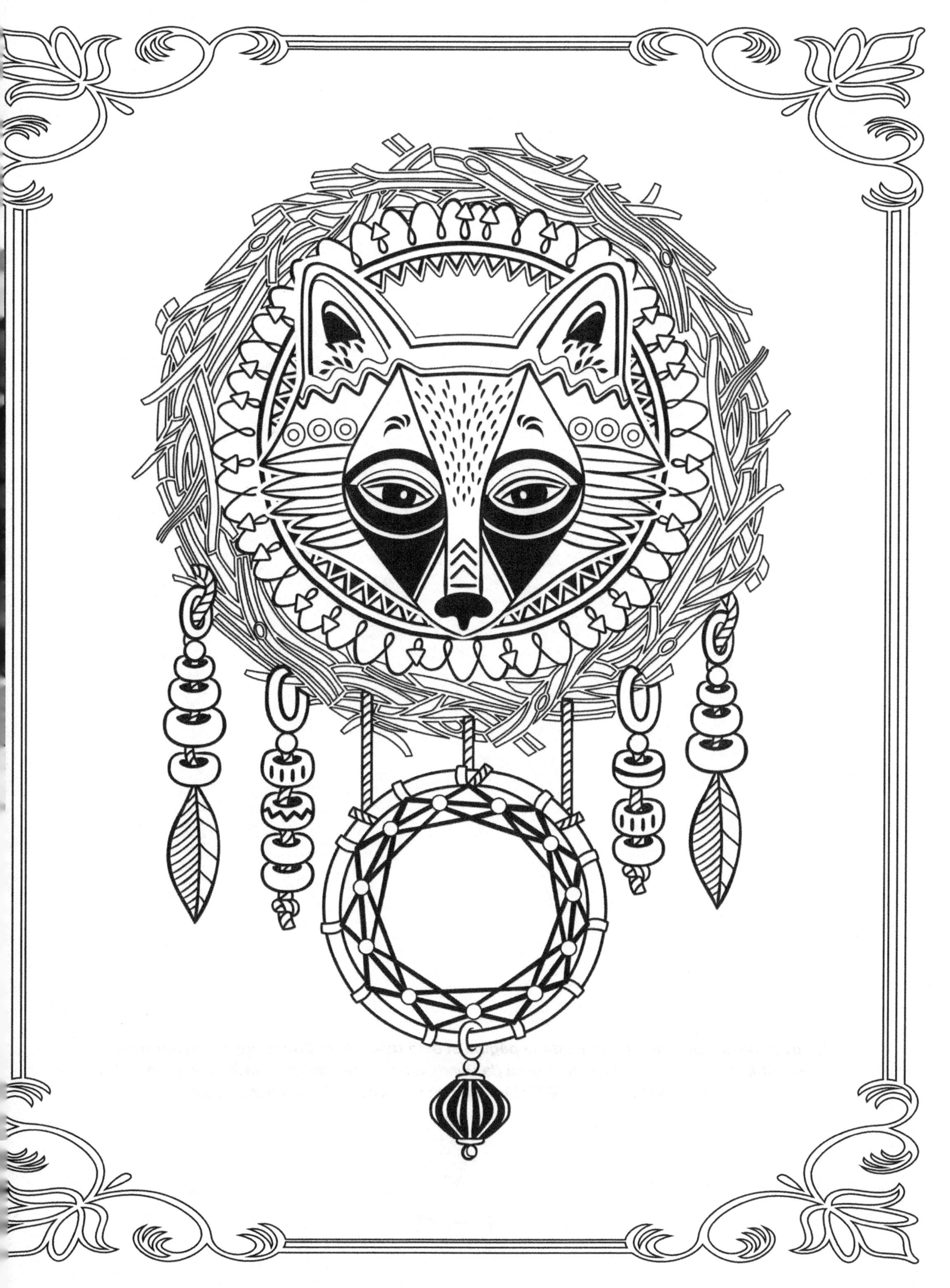

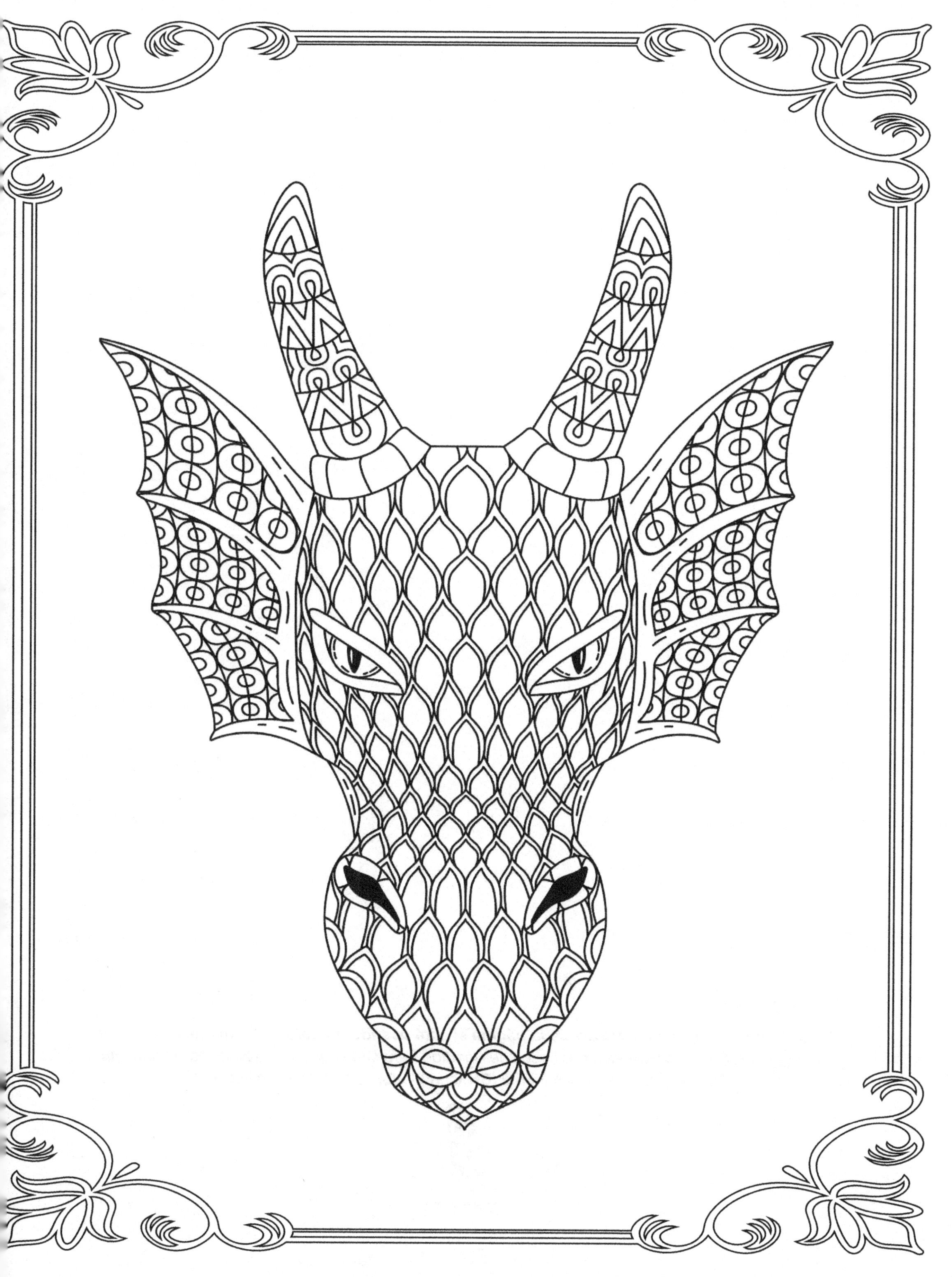

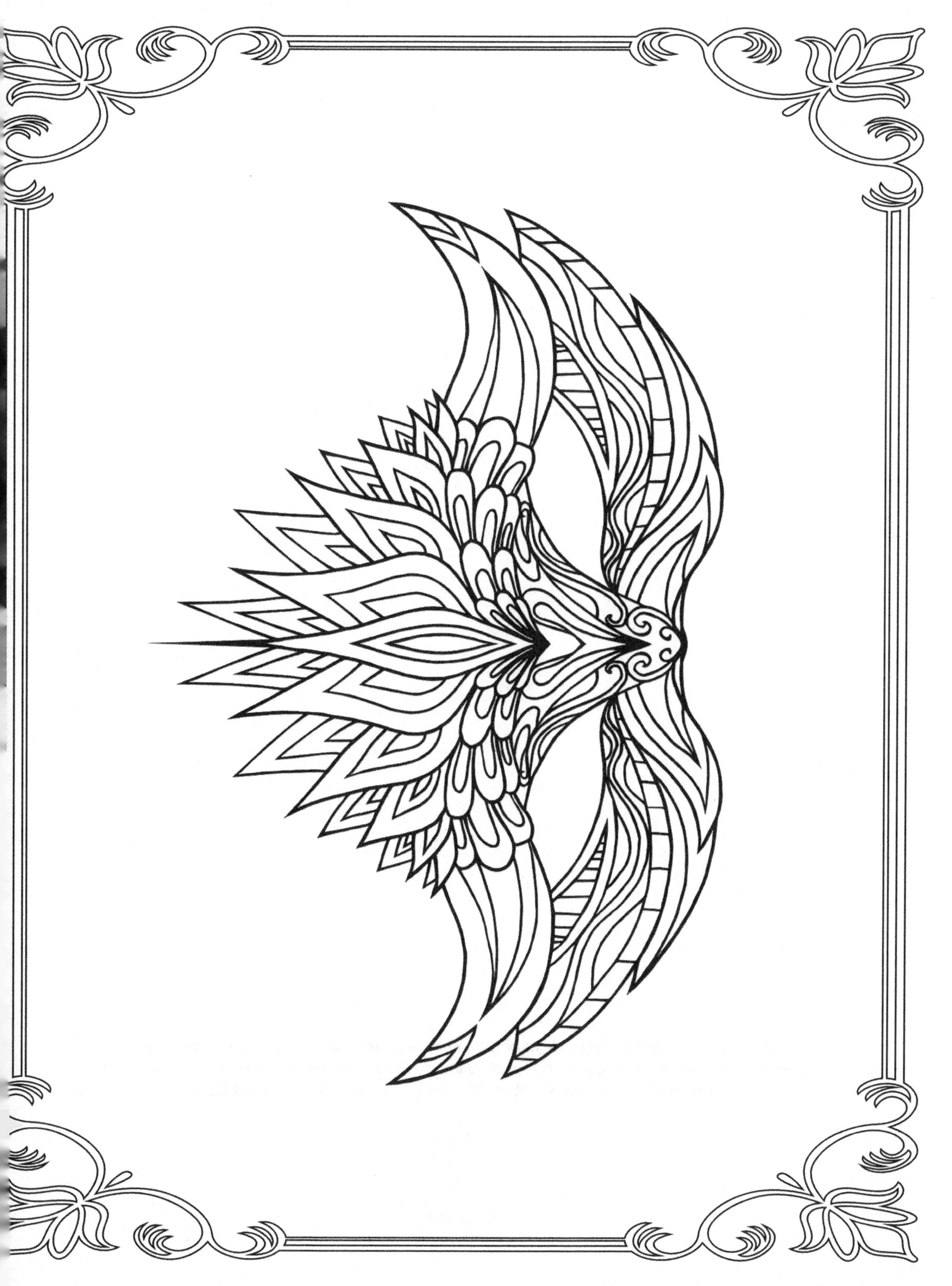

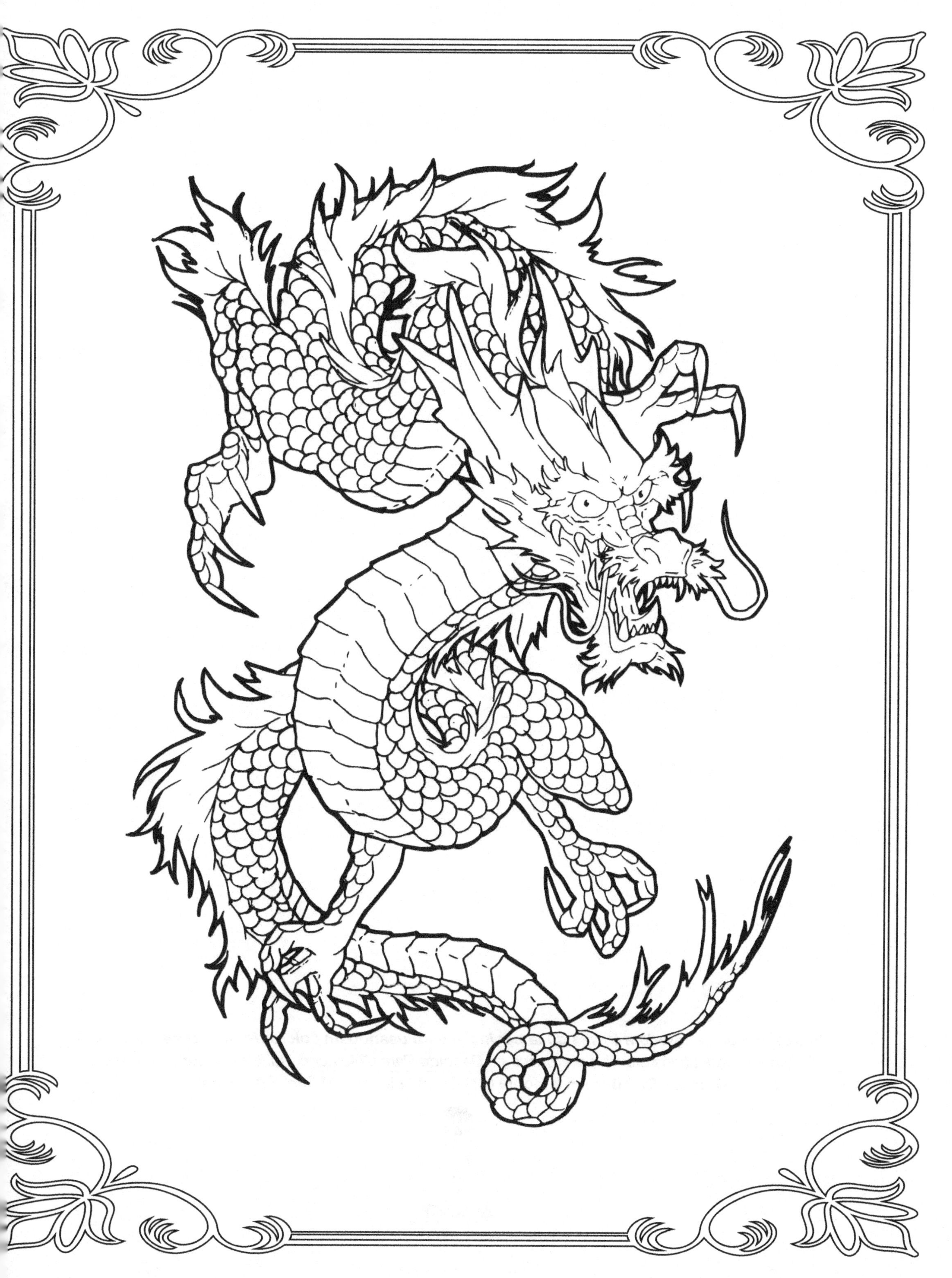

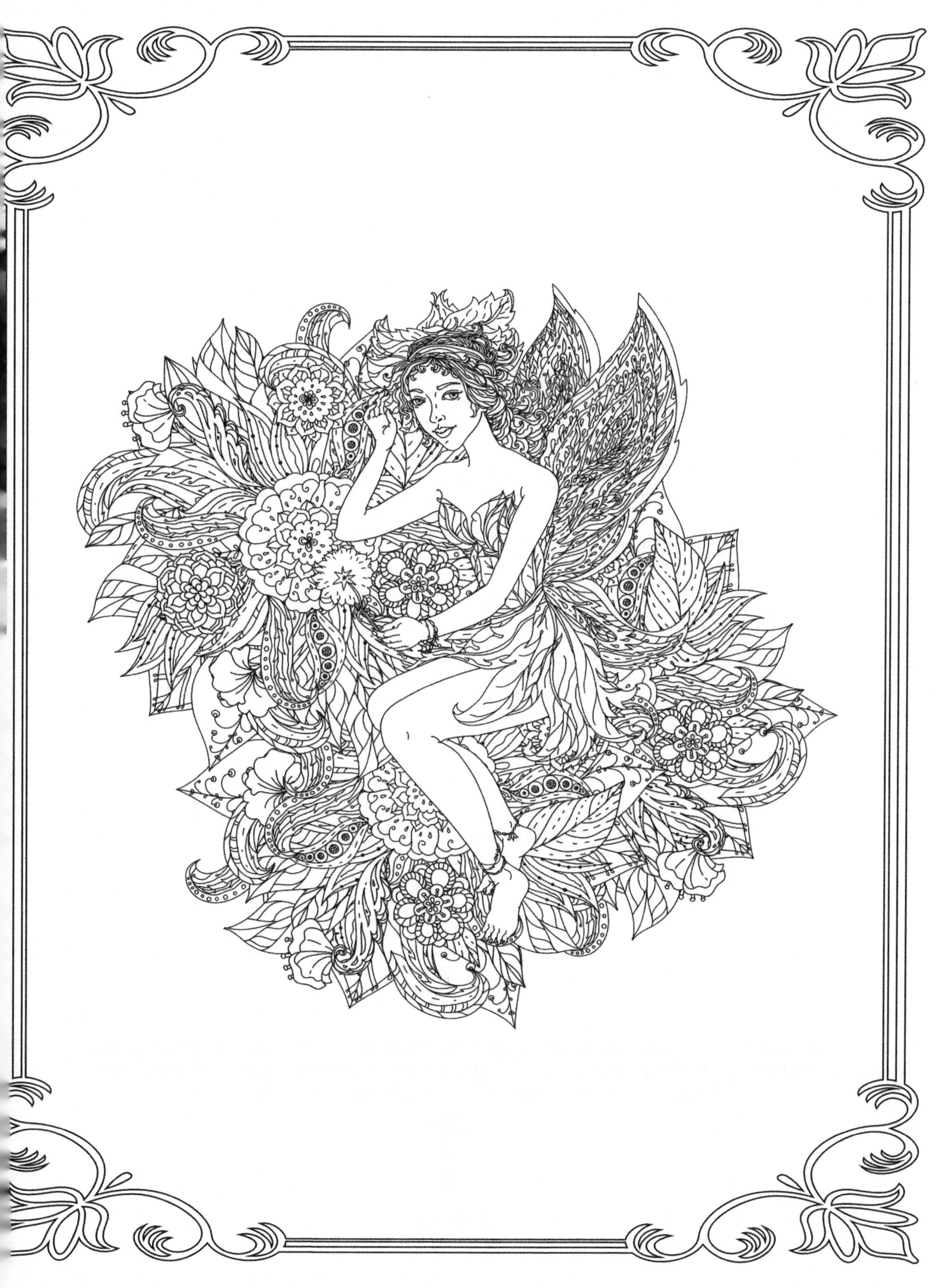

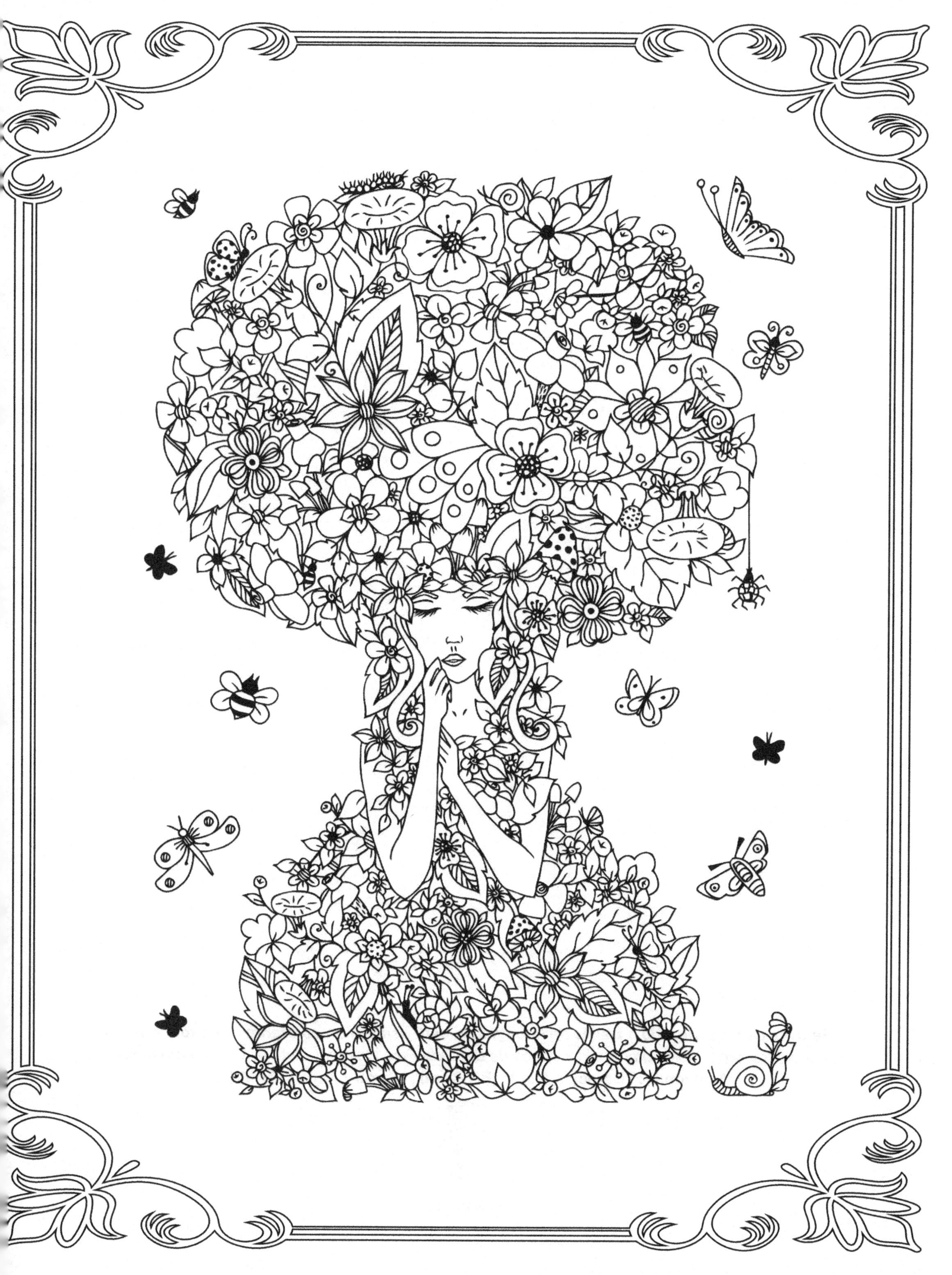

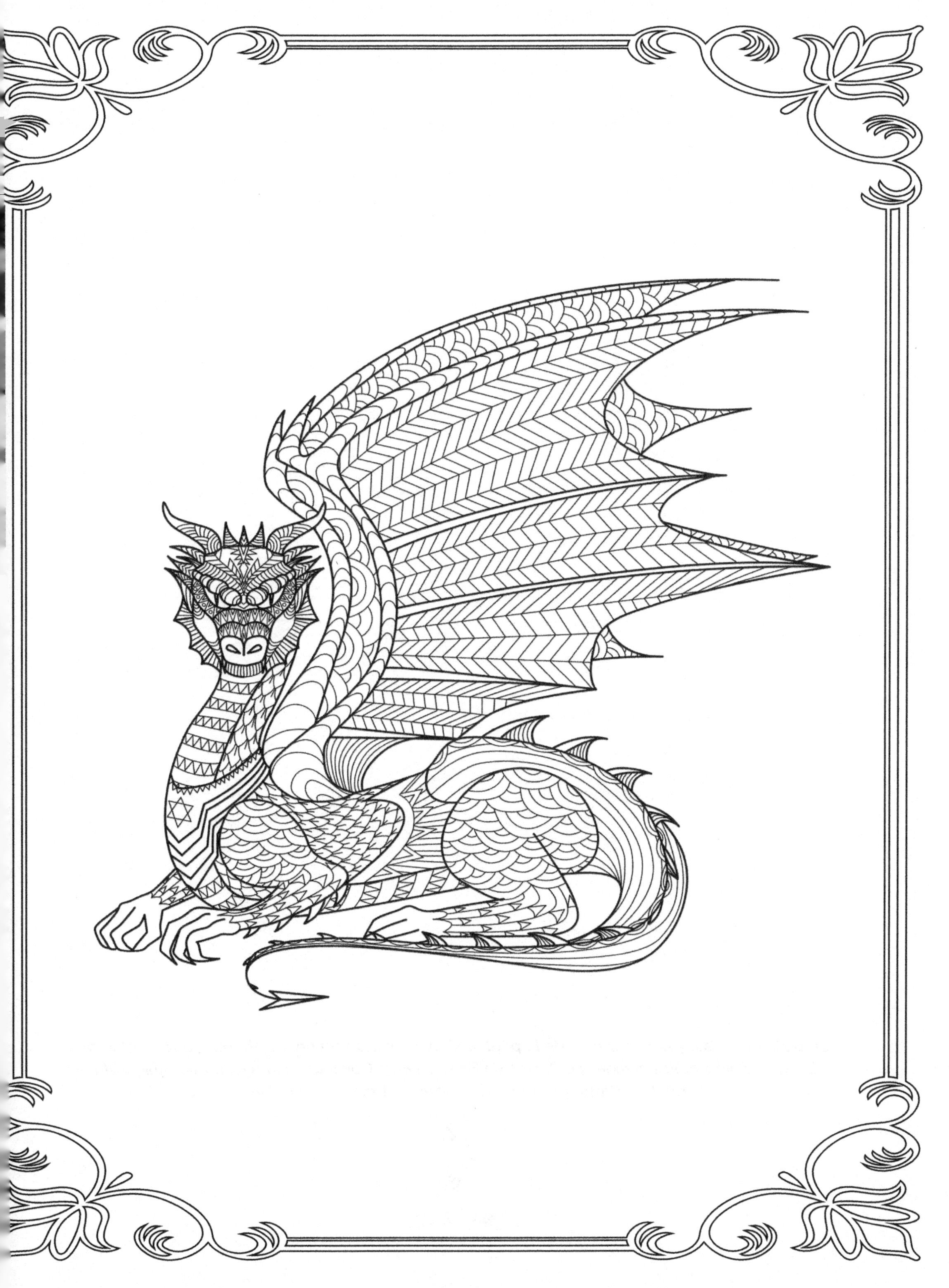

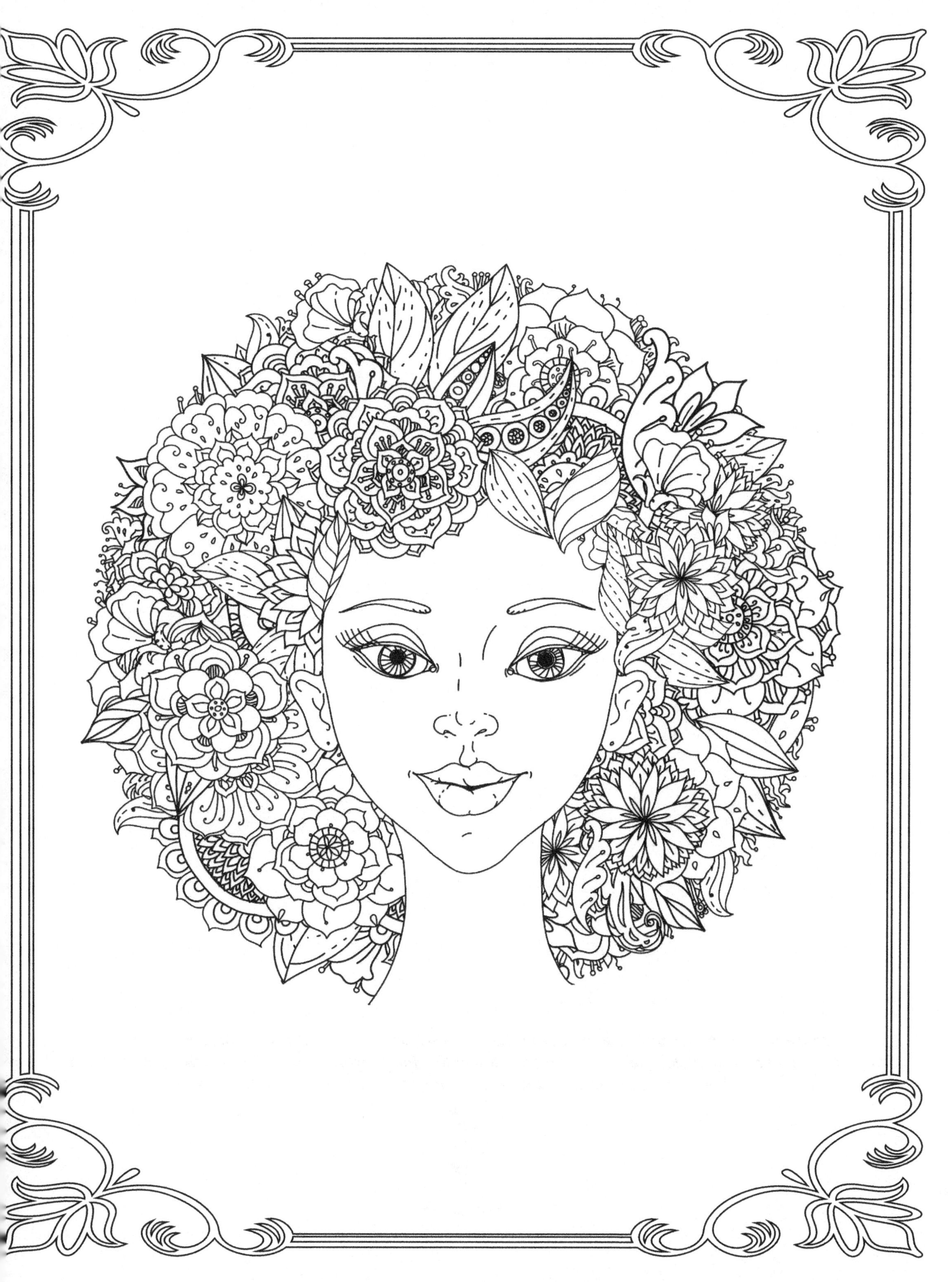

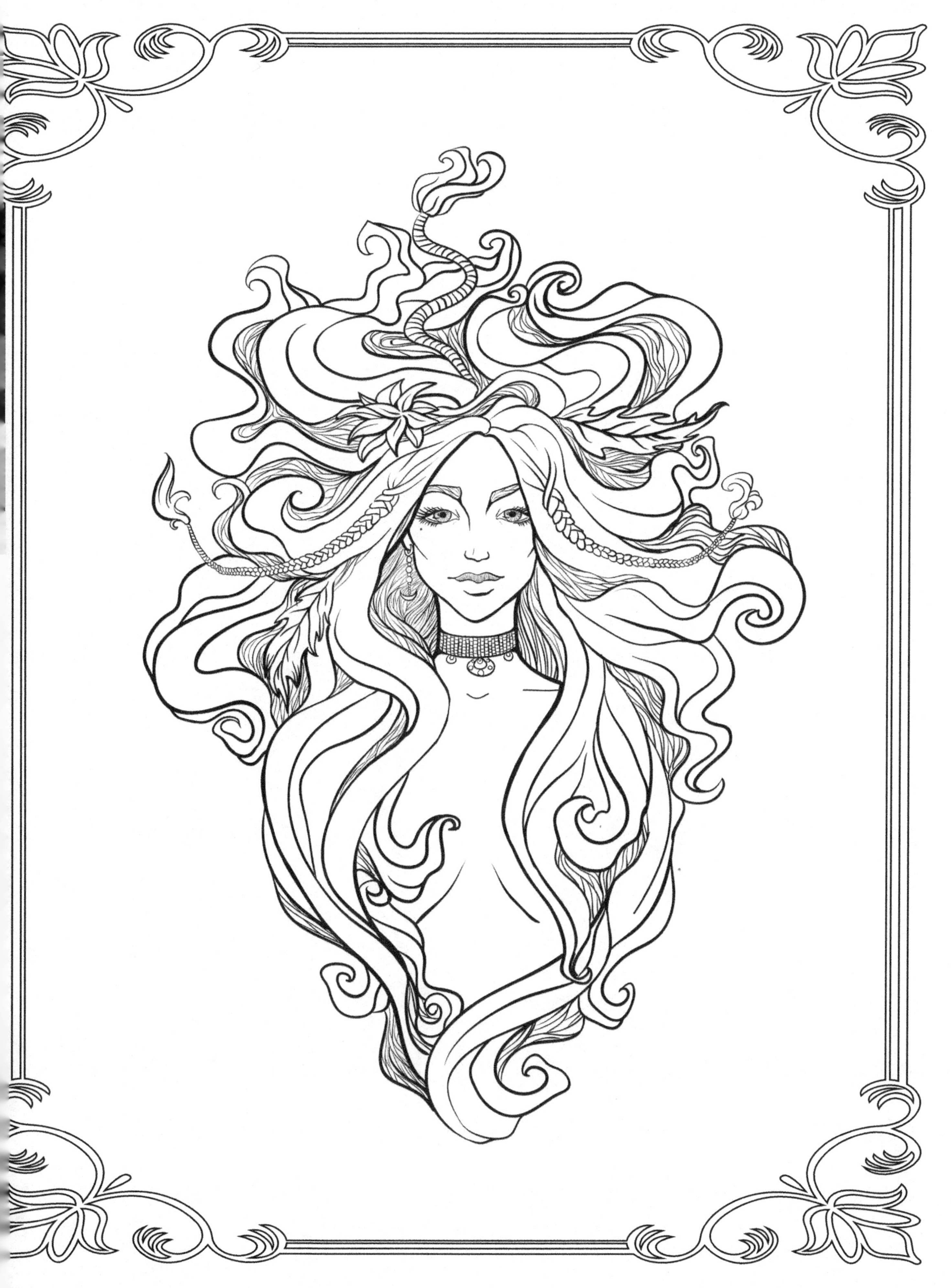

Made in the USA
Monee, IL
07 July 2026

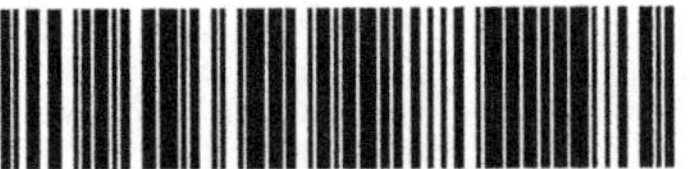
56546040R00037